Carlos X. Blanco (Ed.)

China y el regreso de Confucio

Prefacio por
David Ownby

Compilado por
Carlos X. Blanco

Hipérbola Janus

China y el regreso de Confucio

Primera edición: abril 2025
Ejemplar impreso bajo demanda.

ISBN: 978-1-961928-30-5 (Tapa blanda)

🖋 Hipérbola Janus

hiperbolajanus.com | info@hiperbolajanus.com | ◉❶⊗ @HiperbolaJanus

Índice general

Prefacio

- Por David Ownby

PARA ENTENDER EL PAPEL del confucianismo en la China del siglo XXI, tenemos que remontarnos a principios del siglo XX.

En 1905, la corte imperial china ordenó la abolición del sistema de exámenes confucianos como parte de un programa de modernización; la educación occidental debía reemplazar el estudio de los clásicos confucianos y producir un nuevo tipo de élite. El sistema de exámenes había estado funcionando durante aproximadamente mil años en el momento de su abolición y se pueden encontrar precursores del sistema en tiempos muy tempranos en la historia china. La idea del sistema de exámenes era brillante: los mejores y más esclarecidos ayudarían al emperador a gobernar China, proporcionándole orientación moral y aportando precedentes históricos. En la práctica, el sistema de exámenes era elitista e incluso discriminatorio porque solo los ricos podían permitirse los años de escolaridad que requería prepararse, pero en principio el sistema estaba abierto a todos (o al menos a la mayoría, pues algunos grupos estaban excluidos), lo que lo hacía parecer justo, y había *ejemplos* de académicos pobres y brillantes que llegaron a la cima. El sistema de exámenes fue, por lo tanto, uno de los mecanismos clave que mantuvo unida a China a lo largo de los siglos. Orientó los sueños de los más ambiciosos hacia el servicio gubernamental y creó una alianza —o la posibilidad de una alianza— entre el emperador y la clase erudita que, sin duda, fue muy útil para ambos.

La abolición del sistema de exámenes fue un golpe casi fatal para el confucianismo. La última dinastía cayó en 1911 y la República que la reemplazó buscó legitimidad en otros lugares. No obstante, cuando la República se desintegró, poco después de su creación, gran parte de la élite china, y especialmente la juventud china, culpó al confucianismo por el fracaso y adoptó los valores occidentales de la ciencia y la democracia, unos valores que finalmente se convirtieron en liberalismo, socialismo y comunismo, y que a la postre triunfaron con el establecimiento de la República Popular en 1949.

El confucianismo sobrevivió a este golpe casi fatal, pero se convirtió en algo muy diferente de lo que había sido bajo las dinastías imperiales, cuando el pensamiento de Confucio era la esencia de la vida de la élite y el pegamento que mantenía unida a gran parte de la sociedad. En el siglo XX, el confucianismo se convirtió en un conjunto de ideas abstractas y difíciles, nociones propuestas por un grupo relativamente pequeño de intelectuales que se dedicaron a crear un futuro para el confucianismo. Lo hicieron intentando convertir el confucianismo en una filosofía en el sentido occidental, un conjunto de concepciones que pudieran defenderse objetivamente desde fuera de la tradición. Muchos de estos nuevos confucianos pasaron años estudiando filosofía en Occidente, a menudo en Alemania, y posteriormente reformularon el confucianismo (así como el budismo y el taoísmo; estaban tratando de rediseñar todas las tradiciones académicas de China) en, por ejemplo, términos kantianos. Los resultados fueron intelectualmente impresionantes porque estos eruditos eran brillantes y ambiciosos, pero bastante difíciles de entender, dado que se habían visto obligados a desarrollar un nuevo vocabulario para transformar el confucianismo en una filosofía y este vocabulario impulsó la tradición en muchas direcciones nuevas. Este nuevo confucianismo nunca llegó a ser muy popular y, en cierta medida, fue el juguete de un pequeño número de eruditos en los departamentos de filosofía dispersos por toda la diáspora china. Pocos estaban en China porque los comunistas bajo Mao Zedong estaban decididos a dejar atrás el pasado de China, no a reciclarlo.

Todo esto empezó a cambiar en China en los años 80 del pasado siglo, tras el fracaso de la Revolución Cultural de Mao. China se abrió de nuevo a Occidente y, en cierta medida, a sus propias tradiciones, incluido el confucianismo. Sin embargo, el verdadero impulso para un renacimiento confuciano llegó algo más tarde, con la caída de la Unión Soviética y la traducción de *El choque de civilizaciones* de Samuel Huntington, publicada por primera vez como artículo en *Foreign Affairs* en 1993 y traducida al chino poco después.

Aunque en Occidente se celebró como el final victorioso de la Guerra Fría, la caída de la Unión Soviética tuvo un aspecto muy diferente en China. Tanto China como la Unión Soviética se habían propuesto encaminarse hacia un futuro mejor mediante un programa llamado «reforma y apertura» (*glasnost* y *perestroika* en ruso). En el caso de Rusia, los resultados fueron desastrosos: no sólo no se convirtió en una democracia funcional, sino que la ex superpotencia también perdió su imperio, convirtiéndose en otra potencia del segundo mundo en apuros y con poco impacto en el escenario mundial. A muchos chinos les preocupaba que le sucediera lo mismo a China, cuyo sistema emulaba al de la fracasada Unión Soviética. Si China perdía el Tíbet y Xinjiang, adiciones recientes al imperio chino, también sería una potencia más pequeña y menor.

Los intelectuales chinos reflexionaban sobre este tema cuando Huntington publicó su tesis, según la cual en el mundo posterior a la Guerra Fría lo que importaba era la cultura, no la ideología, y que las principales batallas se librarían entre el mundo cristiano y el mundo islámico, o entre el mundo islámico y el mundo confuciano. La reacción china a Huntington fue: «¡Estamos condenados porque no tenemos cultura alguna! ¡Hemos pasado el siglo XX destruyéndola!». Estos dos acontecimientos explican en gran medida la urgencia sentida por China desde los años 90 de revivir el confucianismo.

Al principio, los intelectuales del continente se alegraban de aprender de sus homólogos de la diáspora, los eruditos que describí antes y que rehicieron el confucianismo en el siglo XX, porque los eruditos del continente habían estado aislados del confucianismo desde la revolución de 1949. Sin embargo, al cabo de unos años, los confucianos del continente rompieron en gran medida con la diáspora y trazaron su propio camino, llamándose a sí mismos «nuevos confucianos del continente». Una de las razones de la ruptura fue que los confucianos de la diáspora habían hecho las paces con los valores universales occidentales, tal vez viendo el confucianismo como un correctivo colectivista al individualismo occidental. En China, esos mismos «valores universales» se consideraban impuestos por el poder militar y el imperialismo occidentales a expensas de la agencia china, y los confucianos de China continental compartían esta perspectiva. Más importante aún, los confucianos de China continental vieron oportunidades políticas que los confucianos de la diáspora no fueron capaces de columbrar, con la esperanza de usar sus ideas para ganarse la atención del Partido-Estado de la misma manera que sus predecesores bajo las dinastías habían buscado el favor imperial.

Esto ocurrió en un contexto particular. El rápido crecimiento económico de China fue en gran medida resultado de la adopción por parte de China de los mercados y la globalización, y en cierta medida socavó la legitimidad del Estado chino, que todavía se basaba en los principios del socialismo y el marxismo-leninismo. Los dirigentes chinos, por supuesto, lo sabían y llevaban décadas buscando otras formas de legitimación, incluida, en particular, la adopción de la tradición china, una manera de potenciar el nacionalismo. Esto, por supuesto, abrió la puerta al confucianismo y a los nuevos confucianos del continente, que estaban más que dispuestos a exponer las virtudes del confucianismo a todo aquel que estuviera dispuesto a escucharlos.

Esta situación era particularmente delicada cuando Xi Jinping llegó al poder en 2012-2013. Aunque ahora puede resultar difícil imaginarlo, la gente en ese momento no estaba segura de qué tipo de líder sería Xi. Algunos imaginaban que Xi podría ser como Jiang Jingguo, quien trajo la democracia a Taiwán en la década de 1980. Los confucianos esperaban que pudiera estar abierto a sus ideas. Estas esperanzas se alentaron cuando Xi luchó con la Nueva Izquierda de China al principio de su mandato, derribando a su rival Bo Xilai, quien había estado promoviendo ideas neomaoístas en Chongqing, un enorme «municipio» (30 millones de habitantes) bajo su control.

Los intelectuales de la Nueva Izquierda criticaron a Xi después de la caída de Bo, lo que llevó a los pensadores confucianos a imaginar que Xi podría estar abierto a ellos. Xi dio ciertas señales de que esto podría ser así. El tenor general de varios de los textos traducidos a continuación refleja esta situación: la esperanza de los nuevos confucianos de China continental de que Xi Jinping adopte sus ideas. Al final Xi no lo hizo, y los nuevos confucianos del continente tienen un perfil mucho más bajo mientras escribo esto en septiembre de 2024, pero hace una década, las cosas eran muy diferentes.

Algunas palabras sobre los autores y textos presentados en este volumen.

Chen Lai es, en muchos sentidos, un «gran anciano» del confucianismo en China. No es abiertamente político y su texto es erudito. Ofrece su versión de cómo ha evolucionado el confucianismo a lo largo del siglo XX y qué futuro puede depararle a la tradición (pág. 1).

Gan Yang ha sido una figura central y una fuerza importante en la vida intelectual china desde la década de 1980. Al principio, su objetivo era dar a conocer las obras de los filósofos occidentales a los intelectuales chinos (su principal interés era la obra de Martin Heidegger) para que pudieran reflexionar sobre su experiencia y trazar un mejor camino a seguir. Sin embargo, con el tiempo, sus ideas evolucionaron y, con el ascenso de China en la década del 2000, llegó a defender que China abrazara su tradición confuciana, junto con las preocupaciones maoístas por la justicia social, la eficiencia de los mercados y el capital. En este texto en particular, se opone a lo que considera los excesos del movimiento del Nuevo Confucianismo continental. Kang Youwei es el centro de la discusión porque Kang fue un reformador confuciano a fines del siglo XIX y principios del XX y muchos nuevos confucianos continentales habían propuesto que China esencialmente ignorara su experiencia del siglo XX y regresara a Kang para comenzar de nuevo (pág. 15).

Chen Ming es una figura más joven con una perspectiva algo diferente. En el primer texto (pág. 45), Chen se dirige a Xi Jinping casi personalmente y le ofrece una lectura confuciana del «sueño chino» (el lema nacionalista de Xi) que esencialmente le aconseja a Xi que abandone el marxismo-leninismo y todo lo occidental y que vuelva a Confucio. Este texto es rotundamente político, un ejemplo de lo que los nuevos confucianos del continente llegaron a ser en el período inicial del mandato de Xi Jinping. El segundo texto (pág. 69) es anterior y más sutil, y Chen describe su evolución como un estudiante con inclinaciones más liberales hacia una postura confuciana cultural con espacio para el constitucionalismo y la democracia.

- Montreal, 24 de septiembre de 2024

David Ownby

David Ownby es profesor de Historia en la Universidad de Montreal y miembro jubilado del *Département d'histoire* y del *Centre d'études de l'Asie de l'Est* de la misma institución, además de miembro asociado del Instituto Max Planck de Antropología Social en Alemania. Sus investigaciones recientes se centran en la vida intelectual en la China contemporánea, y sus traducciones y comentarios están disponibles en su sitio web *Reading the China Dream* (https://www.readingthechinadream.com/) y en diversas publicaciones. A lo largo de su carrera, ha estudiado la historia de la religión en la China moderna y contemporánea, con énfasis en los grupos populares y el complejo desarrollo del fenómeno religioso en el país desde finales del siglo XIX. También ha iniciado un programa de investigación sobre la vida intelectual en la China actual, explorando la relación entre la libertad de expresión de los intelectuales, la construcción de una identidad cultural moderna y china, y la búsqueda de legitimidad ideológica por parte del gobierno.

1

Un siglo de confucianismo

- Por Chen Lai[1]

Desafíos y respuestas en la era moderna

EL CONFUCIANISMO CHINO enfrentó cuatro períodos de desafío en el siglo XX. El primero fue la reforma política y educativa de finales de la era Qing y principios de la era republicana. El gobierno Qing anunció el «Edicto sobre el establecimiento de escuelas» 兴学诏书 en 1901 para iniciar la creación de nuevas instituciones en todo el país. Esta fue una iniciativa extremadamente importante, que condujo al declive gradual de la antigua forma de confucianismo, una forma dominada por un tipo particular de escuela que capacitaba a los eruditos para ingresar al sistema de exámenes de la función pública imperial.

Los funcionarios abrieron estas nuevas escuelas en gran número en toda China. Esta medida planteó un claro desafío al sistema de exámenes de la función pública antes de que el gobierno Qing decidiera terminar con los exámenes por completo en 1905. El sistema de

---

[1]**NdE**: Traducción de la versión en inglés de «A Century of Confucianism» de Chen Lai, traducido al ingles por Craig A. Smith y Jun Deng, disponible en https://www.readingthechinadream.com/chen-lai-a-century-of-confucianism.html.

exámenes fue de suma importancia para la existencia continua del erudito confuciano. En total, hubo tres bases importantes para la existencia del pensamiento y la cultura de los eruditos confucianos en la sociedad china premoderna. La primera base era el Estado, ya que la corte imperial declaró el confucianismo como ideología oficial y proclamó que los clásicos confucianos eran los clásicos del Estado. Por lo tanto, el confucianismo se promovió a través del gobierno imperial. La segunda base era el sistema educativo, en particular el sistema de exámenes de la función pública, que estipulaba que los clásicos confucianos fueran el tema principal de los exámenes. Y la tercera base del confucianismo eran los fundamentos sociales predominantes de los sistemas de gobierno familiar y rural que han existido en China durante varios miles de años.

Las reformas estratégicas de finales del período Qing desempeñaron un papel importante en la determinación de las formas en que el confucianismo seguiría existiendo. A pesar de la abolición de los exámenes en 1905, una de las más radicales de las primeras reformas, el gobierno Qing seguía decidido a preservar el estudio y el plan de estudios de los clásicos en todas las escuelas, y también exigió que las escuelas siguieran ofreciendo sacrificios a Confucio en su cumpleaños. Sin embargo, esto también cambió con el advenimiento de la Revolución de 1911. En 1912, cuando el Ministerio de Educación quedó bajo el control de Cai Yuanpei 蔡元培, el Estado decidió acabar con los sacrificios a Confucio y descartar el estudio de los clásicos. Por ello, en los años posteriores a la revolución, el sistema de «honrar a Confucio y leer los clásicos» sufrió un revés fundamental. Durante este proceso, los eruditos confucianos experimentaron el primer período significativo de «desafío y respuesta», es decir, su primer y fundamental dilema.

Desde finales de la dinastía Qing hasta principios de la República, aunque el erudito confuciano ya se encontraba apartado del centro de la política y la educación, el papel del pensamiento y la cultura confucianos continuó en el ámbito de la ética. No mucho después de esto, de 1915 a 1919 surgió el Movimiento de la Nueva Cultura y el confucianismo se encontró con su segundo desafío.

El Movimiento de la Nueva Cultura levantó banderas de crítica, reflexión e ilustración. Se trataba de una ilustración cultural, que se basaba en la cultura occidental moderna, presentando la cultura tradicional china como su opuesto binario y, en particular, planteando los ritos y la cultura confucianos como su oponente principal y crítico. Esto parecía razonable para muchos en ese momento, y levantaron el lema «¡Abajo Confucio y sus hijos!». Desde finales de la dinastía Qing hasta la Revolución de 1911, el confucianismo mantuvo su influencia ética incluso mientras se retiraba del escenario político, pero en los años posteriores sufrió su segundo revés crucial. La Revolución de 1911 obligó al confucianismo a una forma de exilio que se extendió a través del Movimiento de la Nueva Cultura. El Movimiento de la Nueva Cultura heredó entonces el movimiento republicano de finales de la dinastía Qing y principios de la dinastía Qing para exiliar el confucianismo, y amplió la misión desterrando el confucianismo del ámbito de la ética. El Movimiento de la Nueva Cultura dejó al confucianismo fragmentado y a la deriva.

El tercer gran problema fue el que se produjo entre la revolución de 1949 y la «Revolución Cultural». Considero este período como un todo porque el movimiento de colectivización, la organización de las comunas populares y la «Gran Revolución Cultural Proletaria» cambiaron el sistema de gobierno rural e hicieron del colectivo la base de la sociedad. El sistema de comunas populares, basado en la brigada y los tres niveles de propiedad, transformó por completo el antiguo orden aldeano basado en el linaje.

Los académicos de la era moderna han sostenido que una vez que el sistema social confuciano se separó de su base, el confucianismo se convirtió en un «alma perdida 游魂» Esta imagen de un alma perdida sugiere que los cambios de la cultura moderna separaron el pensamiento confuciano de sus raíces antiguas. La revolución en sí misma tuvo un significado político y, además, las transformaciones que produjo en el campo fueron sumamente importantes. Además, otro factor importante fue la Revolución Cultural, especialmente el movimiento de crítica a Lin Biao y a Confucio. Las sucesivas campañas de críticas políticas absurdas al confucianismo y a Confucio causaron estragos en el pensamiento de la gente. Esto fue un ataque aún mayor a la cultura confuciana.

El cuarto período de desafío para el confucianismo en el siglo XX fueron los primeros veinte años de la reforma y apertura a partir de finales de la década de 1970. La movilización del período de reforma en la década de 1980 generó una forma de pensamiento ilustrado que se hizo eco del Movimiento de la Nueva Cultura en el período del 4 de Mayo, adoptando un tema principal del siglo XX en su crítica de la tradición. Por lo tanto, el confucianismo surgió como la antítesis de la modernización. A medida que el vigoroso desarrollo de la economía de mercado llevó el pensamiento utilitarista a la prominencia en la década de 1990, también proporcionó un poderoso desafío para las tradiciones del confucianismo y la cultura china.

Dividiendo los ataques al pensamiento y la cultura confucianos en el siglo XX en cuatro períodos principales, encontramos que los cuatro tuvieron una profunda influencia en el destino de la cultura confuciana. Sin embargo, sería falso argumentar que el confucianismo solo sufrió ataques y nunca experimentó progreso en el siglo XX. A veces, los desafíos pueden presentar oportunidades para el avance. En este contexto histórico, sólo hubo un período significativo de desarrollo para el confucianismo: el período que se extendió desde el Incidente de Mukden de 1931 hasta el final de la Guerra de Resistencia contra Japón (1937-1945), en particular el período de guerra. El pueblo chino en su conjunto se unió durante este período, y la defensa y el resurgimiento nacional se convirtieron en asuntos de importancia crítica. Este fue el tema central del período, y fue una rara oportunidad histórica para el avance del confucianismo.

Respuestas filosóficas y desarrollo

He dividido aproximadamente cien años de historia del confucianismo en cuatro períodos de desafío y uno de oportunidad, cinco períodos en total. Podemos ver la historia del confucianismo en el siglo XX como una respuesta a estos desafíos, que se desarrolla en las siguientes cinco etapas.

La primera etapa, o más bien la primera persona, que vamos a analizar es Kang Youwei 康有为 (1858-1927). Aunque Kang ya había estado pensando en la religión confuciana mucho antes de la Revolución de 1911, hizo aún más hincapié en esta cuestión después de ella. En varias ocasiones, el propio Kang o sus estudiantes propusieron que la religión confuciana fuera la religión del Estado. Se trataba de propuestas positivas. Las reformas políticas y educativas (desde el «Edicto sobre el establecimiento de escuelas» de 1901 hasta la abolición de los exámenes de la función pública en 1905 y el comienzo de la dirección del Ministerio de Educación por parte de Cai Yuanpei en 1912) ya habían despojado al confucianismo de las bases institucionales en las que se había apoyado. En respuesta, como una forma de preservar y desarrollar el pensamiento confuciano, Kang Youwei miró hacia la religión. Vio que el cristianismo tenía un lugar dentro del marco de la cultura occidental moderna y había ejemplos de su establecimiento como religión del Estado en los países occidentales. Por tanto, pensó que una nueva China necesitaba nuevas instituciones y que el confucianismo podía desempeñar un papel en ellas. El argumento de Kang para establecer el confucianismo como religión de Estado representa la primera respuesta. Se trataba de una respuesta religiosa a las dificultades a las que se enfrentaba el confucianismo y, por supuesto, fracasó. Todos los diversos proyectos y propuestas de Kang no prosperaron, y la historia dejó claro que ese no era el camino a seguir. A pesar de su fracaso, podemos considerar este episodio como la primera respuesta confuciana activa a un siglo de desafíos.

La segunda etapa abarca el Movimiento de la Nueva Cultura. Al final de este movimiento se produjeron nuevos acontecimientos, fruto de las reflexiones culturales de los intelectuales occidentales sobre la Primera Guerra Mundial y el surgimiento del socialismo en la Unión Soviética. Estos acontecimientos, a su vez, llevaron a algunos intelectuales destacados a reconsiderar la cuestión de la cultura china. La figura representativa de este período fue Liang Shuming 梁漱溟 (1893-1988). A principios de la década de 1920, Liang escribió 東西文化及其哲學 (*Culturas oriental y occidental y sus filosofías*).

Este libro es representativo de la segunda respuesta a la difícil situación a la que se enfrentó el confucianismo en el siglo XX. Más que una respuesta religiosa, fue una respuesta cultural. Liang creía que, aunque la sociedad china debía pasar por una occidentalización completa, la cultura confuciana y sus valores seguían siendo necesarios: «*En un futuro muy cercano de nuestro mundo, tras el período cultural occidental en el que los europeos y los estadounidenses han conquistado y explotado la naturaleza, llegará el momento del resurgimiento de la cultura china*». Este «*futuro muy cercano*» se refería a la cultura de un socialismo confuciano, porque, en opinión de Liang, el confucianismo ya encarnaba los valores del socialismo. Creía que la característica distintiva de la cultura occidental era que resolvía la relación entre la humanidad y el mundo natural, la relación entre la humanidad y el reino material. La cultura confuciana, sin embargo, resolvía la relación entre los seres humanos, la relación entre el individuo y la sociedad, de la misma manera que el socialismo podía resolver los problemas entre el trabajo y el capital. En el período moderno, los desafíos que enfrentó el confucianismo fueron todos planteados por la cultura occidental moderna a la sociedad y la cultura chinas. La respuesta de los confucianistas sólo podía dirigirse a este desafío cultural de nivel macro.

La respuesta filosófica durante la tercera etapa, desde el Incidente de Mukden en 1931 hasta el fin de la Guerra de Resistencia en 1945, no fue solo producto del creciente nacionalismo de la época, sino también una respuesta al embate de la cultura occidental moderna. Entre los intelectuales involucrados se encontraban Xiong Shili 熊十力 (1885-1968), Ma Yifu 马一浮 (1883-1967), Feng Youlan 冯友兰 (1895-1990) y He Lin 贺麟 (1902-1992). El sistema de confucianismo filosófico de Xiong Shili, 归本大易 (*Regreso al Yijing*) puede verse como una forma de «Nuevos estudios en el Libro del *Yijing*». Ma Yifu se centró en los Seis Clásicos y las Seis Artes. Su sistema de confucianismo puede denominarse «Nuevo aprendizaje clásico» 新经学. Feng Youlan llamó a su propio sistema filosófico «Nueva filosofía del principio» 新理学. El de He Lin fue la «Nueva filosofía de la mente» 新心学. Xiong Shili defendió el concepto filosófico de la «mente original» establecido por Mencio. Basado en los principios del *Yijing*, estableció la mente original como una entidad absoluta y estableció una cosmología basada en el concepto de *xipi chengbian* 翕辟成变[2]. Luego nombró su cosmología «la inseparabilidad de sustancia y función» 体用不二. Su pensamiento filosófico era un sistema confuciano que enfatizaba las construcciones cosmológicas.

Ma Yifu fue un erudito que defendió tenazmente la totalidad de la cultura tradicional. Sintetizó o unificó el estudio tradicional de los Clásicos 经学 y el Neoconfucianismo 理学. Argumentó: «*Todas las técnicas del dao están gobernadas por las Seis Artes, y las Seis Artes están gobernadas en realidad por Una Mente* 一心». «Todas las técnicas del *dao*» se refiere a los diversos campos de estudio o «disciplinas» como los llamamos hoy. Y por las «Seis Artes», Ma Yifu en realidad se refiere a los Seis Clásicos. Esta es la terminología utilizada por un confucianista clásico. Este enfoque enfatiza los clásicos para la reconstrucción del Nuevo Confucianismo.

La filosofía de Feng Youlan era lo que él mismo llamaba la «Nueva Filosofía del Principio». Esperaba continuar el trabajo de los neoconfucianistas de Cheng-Zhu, enfatizando el mundo de *li* (principio) 理. Al asimilar el nuevo realismo de Occidente, estableció un mundo de principios dentro de la filosofía, estableciendo un segmento importante de la metafísica de la filosofía confuciana. La filosofía de Feng Youlan era una filosofía confuciana moderna que se concentraba en construcciones metafísicas.

He Lin se profesaba abiertamente seguidor de la Escuela Lu-Wang. Argumentaba que «*xin* (心 corazón/mente) es la sustancia 体 del material 物, mientras que el material es la función 用 de *xin*». Gran parte de lo que escribió situó a esta Escuela de la Mente como la base de la filosofía confuciana. Pero lo más importante es que descubrimos que He Lin desempeñó un papel importante a tra-

---

[2]*Xipi chengbian* 翕闢成變 se utiliza para explicar cómo, a través de la contracción (*xi* 翕) y la expansión (*pi* 闢), una entidad puede transformarse en diferentes fenómenos dentro de la mente. La «contracción» es el proceso de enfocar, mientras que la «expansión» se extiende desde los fenómenos para crear una apariencia de orden en la mente.

vés de la formulación de un plan para el resurgimiento confuciano. Su lema era: «El pensamiento confuciano como sustancia; la cultura occidental como función», que también podría leerse como: «El espíritu nacional (民族精神) como sustancia; la cultura occidental como función». Construyó un elaborado diseño para el resurgimiento confuciano.

Además de sus primeras contribuciones a las ideas de identidad cultural, Liang Shuming pasó gran parte de la década de 1940 a 1970 escribiendo su *Psicología y vida* 人心与人生. De este libro podemos ver que el sistema filosófico de Liang Shuming enfatizaba una construcción de la filosofía confuciana moderna basada en la psicología.

La obra de estos filósofos ilustra cómo surgió una forma nueva y constructiva de confucianismo durante este período. Su respuesta fue principalmente filosófica. Este fue el período que he identificado como el único período de oportunidad histórica en este siglo del confucianismo, y está relacionado con el surgimiento de la identidad cultural nacional que acompañó a la guerra contra Japón. Este énfasis en la cultura nacional logró un progreso importante.

La cuarta etapa se extiende desde 1949 hasta el final de la Revolución Cultural. No podemos decir que no hubo pensamiento confuciano en China durante este período. Si examinamos los cambios mostrados por Xiong Shili y otros intelectuales de los años 1950, 1960 y 1970, entonces vemos que fue un período de adaptación para el confucianismo moderno, así como de integración y absorción del socialismo. En *Sobre el confucianismo*, de Xiong, publicado a principios de los años 1950, pide la abolición de la propiedad privada y la nivelación de las diferencias de clase, un enfoque tomado del socialismo. Liang Shuming escribió un libro al final de su carrera titulado China: un país racional, en el que se centra en la cuestión de la transición de una sociedad de clases a una sociedad sin clases y del socialismo al comunismo. Todos estos ejemplos indican que estos filósofos no se sometieron pasivamente a los tiempos, sino que intentaron integrar su propio pensamiento con las cuestiones del momento. Nunca vacilaron en su creencia en el pensamiento y la cultura confucianos.

Los nuevos confucianos de Taiwán y Hong Kong se quedaron desarraigados y a la deriva, pero llevaron adelante el legado de la tercera etapa del pensamiento confuciano. En otras palabras, frente a los cambios, ajustes y desafíos de la sociedad del siglo XX, y confrontados con una anomia espiritual general, desarrollaron un nuevo camino en el pensamiento confuciano que estaba de acuerdo con las condiciones de la época, una nueva filosofía confuciana que absorbió la cultura occidental y desarrolló el espíritu nacional, así como una filosofía guía para los problemas universales que enfrenta el mundo y la condición humana desde una perspectiva confuciana. Todo esto contribuyó a la revitalización de la cultura continental a partir de finales de la década de 1980.

Formas latentes y manifiestas del confucianismo

La existencia del confucianismo no puede considerarse simplemente como proporcional a la existencia del filósofo, ni podemos decir que el confucianismo existe porque hay un filósofo confuciano. Este sería un punto de vista superficial. Desde la década de 1950 hasta nuestros días, la existencia del confucianismo, como ha explicado Li Zehou 李泽厚 (1930-), no se ha limitado simplemente a un conjunto de comentarios sobre los clásicos confucianos, sino que al mismo tiempo se ha hecho evidente dentro de la construcción psicocultural del pueblo chino. Por lo tanto, una vez que se cortó todo contacto con el antiguo sistema del confucianismo, se convirtió en una tradición que vivió intrínsecamente dentro de la población. Los valores confucianos siguen existiendo, particularmente entre la gente común, donde pueden incluso estar más profundamente arraigados que dentro de los estratos intelectuales, que han sido más infectados por la cultura occidental.

La tradición confuciana dentro de la gente común existe en una «forma subconsciente en la vida diaria». Incluso en la República Popular China, los conceptos chinos de moralidad han sido influidos de manera continua e inquebrantable por la moral confuciana tradicional. Sin embargo, como este papel reside en el subconsciente, está constantemente influenciado por el entorno de diferentes épocas. Por lo tanto, no se puede elucidar con certeza la existencia del confucianismo ni podemos decir mucho sobre su estado actual. A veces está bastante distorsionado.

Aquí debo enfatizar el hecho de que en este quinto período —el período de reforma y apertura— o incluso desde el cuarto período, el concepto de confucianismo ciertamente ha sufrido una transformación. No podemos afirmar que solo con la existencia del filósofo confuciano existe el confucianismo.

Y ahora me gustaría analizar las formas existenciales del confucianismo que han perdurado desde las reformas que comenzaron en 1978. Durante los últimos treinta años en la China continental, no hemos visto filósofos confucianos como los que vimos en los años 1930 y 1940. Sin embargo, hay varios aspectos de este período que merecen nuestra atención.

El primero es el confucianismo académico. Los últimos treinta años de investigación sobre el confucianismo han creado una cultura del confucianismo académico. Esta cultura a la que me refiero proviene de la investigación exhaustiva realizada sobre el confucianismo tradicional y comprende los contextos de su evolución histórica, examina su doctrina, explica las diversas escuelas de pensamiento e incluye una investigación exhaustiva sobre el pensamiento del nuevo confucianismo contemporáneo. Este conjunto de estudios es lo que denomino confucianismo académico. Ha experimentado más de treinta años de desarrollo, ofreciendo muchos horizontes nuevos. En el mundo académico de la China contemporánea, ocupa una posición importante y ha producido una influencia considerable.

La segunda forma de confucianismo en la era de la reforma es el confucianismo cultural. En los últimos treinta años, ha habido un gran número de tendencias y debates culturales que tienen una relevancia directa para el confucianismo, como los debates sobre la relación entre el confucianismo y la democracia, los derechos humanos, la globalización, la modernización, el choque de civilizaciones y, por supuesto, la relevancia del confucianismo para la construcción de una sociedad armoniosa, que estamos discutiendo hoy. Muchos académicos elogian la importancia positiva de los valores confucianos desde la perspectiva del confucianismo cultural. Analizan las formas en que el confucianismo puede tener un efecto sobre la sociedad contemporánea, exponiendo los valiosos conceptos e ideas culturales e interactuando con las tendencias contemporáneas de diversas maneras. Esto ha tenido un efecto notable sobre los estratos socioculturales de la China contemporánea. Creo que estos debates y actividades también han creado una forma existencial distintiva para el confucianismo, que he llamado confucianismo cultural.

Por lo tanto, no podemos decir que en estos treinta años no haya habido grandes filósofos confucianos, ni podemos decir que el confucianismo haya desaparecido. Aparte de las formas latentes de existencia, debemos reconocer que hay muchas más formas manifiestas de cultura confuciana. Necesitamos definir estas formas manifiestas de cultura confuciana que se han adaptado para sobrevivir en los últimos treinta años. Por lo tanto, utilizo «confucianismo académico» y «confucianismo cultural» para resumir las manifestaciones del confucianismo de este período. De hecho, aunque el filósofo sigue siendo importante, en comparación con los sistemas de metafísica abstracta que han aparecido, es realmente el confucianismo académico y cultural el que ha demostrado tener una influencia aún más penetrante y extensa en la sociedad, la cultura y el pensamiento. Estas formas han construido las bases para los nuevos desarrollos del pensamiento confuciano.

La tercera forma de confucianismo que existe hoy es el confucianismo popular 民间. Esto incluye tanto los aspectos latentes, en la existencia cotidiana y subconsciente de la gente común —un confucianismo en la psique de las masas— como los aspectos manifiestos que se ven en actividades abiertas, muy similares a las del confucianismo académico y cultural. El nuevo siglo ha presenciado un desarrollo incesante del confucianismo popular y del confucianismo popularizado. Esta forma cultural apareció por primera vez a fines del siglo pasado y continúa desarrollándose hoy, incluyendo todo tipo de cursos sobre estudios nacionales 国学, en escuelas, academias y salas de conferencias; varias revistas digitales, libros de lectura para la gente común, cursos para niños sobre los clásicos y cosas por el estilo. La mayoría de los eventos a nivel del confucianismo académico y cultural son actividades dirigidas a la intelectualidad, pero los del nivel del confucianismo popular reciben una participación mucho más amplia y activa del pueblo chino de todos los niveles de la sociedad actual. Esta es una manifestación cultural a nivel de la práctica popular, y por eso la denomino «confucianismo popular». En los últimos diez años, los estudios nacionales han recibido un gran estímulo del confucianismo popular.

Conclusión: Oportunidades para el renacimiento y visiones para el futuro

Creo que el segundo período de oportunidad ha llegado para un renacimiento confuciano moderno con la llegada del siglo XXI. El primer período de oportunidad fue durante la Guerra de Resistencia, una época marcada por un aumento de la conciencia nacional y una conciencia de un renacimiento nacional. A partir de finales de los años 1990, y acompañando el ascenso de China y la profundización y desarrollo de la modernización del país, China había entrado en una fase temprana de modernización. Es con este trasfondo, bajo las condiciones de la enorme recuperación de la confianza del pueblo en su cultura nacional, con la llegada del gran renacimiento de la nación china y la cultura china, que ha surgido el segundo período de oportunidad para el renacimiento moderno del confucianismo. ¿Y cómo puede el confucianismo aprovechar esta oportunidad? ¿Cómo pueden los eruditos confucianos participar en este renacimiento del confucianismo? Aparte de los continuos esfuerzos del confucianismo académico y cultural, hay al menos algunas cosas por hacer, como la reconstrucción del espíritu nacional, el establecimiento de valores morales, la organización de un orden ético, la formación de principios educativos, la creación de un sistema de valores común, la cohesión del Estado-nación y la mayor promoción de nuestro progreso cultural y ético. Todos estos aspectos son tareas importantes para nuestra participación en el movimiento por un renacimiento confuciano. Si el confucianismo participa conscientemente en el gran renacimiento de la nación china, integrándose en la misión de nuestros tiempos y en nuestras necesidades sociales y culturales, sus perspectivas de desarrollo estarán abiertas de par en par.

Además, hay una tarea central que requiere nuestra atención: la reconstrucción y el desarrollo del sistema filosófico. Una nueva filosofía confuciana debe surgir, y sin duda lo hará, junto con el desarrollo ulterior de la modernización de China, y esta filosofía debe ser una cornucopia. Sobre las bases del confucianismo tradicional y el nuevo confucianismo contemporáneo, junto con el renacimiento de la cultura china, esta filosofía marchará hacia el mundo, proliferará y se manifestará. Al igual que en las controversias culturales en la época del Movimiento del Cuatro de Mayo, a través del trabajo de resolución de problemas de nuestro patrimonio nacional en la década de 1920, y al igual que en el desarrollo de la filosofía nacional en la década de 1930, la China continental experimentó una tendencia de fiebre cultural en la década de 1980 y una tendencia creciente de fiebre de estudios nacionales desde fines de la década de 1990 hasta ahora. Podemos esperar que nuevas teorías del pensamiento confuciano y la nueva filosofía confuciana estén listas para saltar al escenario junto con el renacimiento del pueblo chino y la cultura china.

Un siglo de confucianismo

2

Kang Youwei y el confucianismo institucional

El contenido de este capítulo[3] refleja partes de las discusiones celebradas en la conferencia titulada «Kang Youwei y el confucianismo institucional», celebrada el 26 y 27 de junio de 2014, en la ciudad natal de Kang Youwei, Nanhai 南海, Guangdong, y organizada conjuntamente por el Departamento de Filosofía y el Instituto Cultural Lingnan de la Universidad de Zhongshan.

Construcción de un conservadurismo saludable sobre la base de una actitud estable y constante

- Por Gan Yang

Gan Yang: Me han pedido que diga algunas palabras, pero en realidad no soy la persona que debería dar el discurso principal. Sólo

---

[3]**NdE**: Traducción de la versión en inglés de «Kang Youwei and Institutional Confucianism» de Gan Yang, et.al., traducido al ingles por David Ownby, disponible en https://www.readingthechinadream.com/kang-youwei-and-institutional-confucianism.html.

he leído estos ensayos en el camino hacia aquí, y lo que ofreceré hoy son sólo algunas reflexiones preliminares propias.

El interés académico en Kang Youwei ha crecido claramente en los últimos años, han salido varias monografías y he leído aún más manuscritos que están en camino de publicarse. Creo que los procedimientos de hoy sin duda impulsarán esta tendencia.

Todo el mundo sabe que las opiniones sobre Kang Youwei, en China, en Hong Kong y Taiwán, e incluso en el extranjero, son básicamente coherentes. En general, las opiniones sobre el pensamiento y las actividades anteriores de Kang en el período de la reforma de los Cien Días 戊戌变法 se ven de forma positiva o incluso se elogian profusamente, mientras que al mismo tiempo hay una crítica casi universal de las ideas y actividades posteriores de Kang destinadas a proteger al emperador. Tengo la sensación de que esto puede cambiar de manera importante en el futuro cercano y, si mi lectura es correcta, la mejor investigación sobre Kang Youwei revertirá estas tendencias, ya que más personas comenzarán a simpatizar con el conservadurismo de Kang e incluso a afirmarlo después del período de los Cien Días, mientras que habrá más críticas al período anterior de Kang. La mayor parte de lo que he leído en los últimos años se ha centrado en una comprensión empática del período posterior de Kang.

Sospecho que todo esto probablemente sea parte de una reevaluación de la facción pro-emperador y la cuestión de la revolución, en el contexto de la China contemporánea. También podemos verlo como un replanteamiento del conservadurismo. Kang Youwei fue probablemente la única persona, antes y después de él, que se opuso sistemáticamente a la revolución. La razón por la que quería proteger al emperador y a la monarquía era básicamente porque esperaba que China pudiera evitar tomar el camino de la revolución francesa y, en cambio, elegir el camino no revolucionario de la reforma, como lo habían hecho Inglaterra y Japón. Para repetir, parece haber sido el único en el período Qing tardío que fue coherente en este punto. Todos los demás, incluido Liang Qichao (1873-1929), iban y venían. Pero Kang fue más claro que nadie sobre las consecuencias negativas que podrían sobrevenir si China seguía el camino de la revolución francesa. Si leemos sus primeros análisis de la política mundial en su petición al emperador Guangxu (1875-1908), así como su pensamiento político comparativo reflejado en los diarios de viaje de su último período, podemos ver que su conocimiento de la historia política mundial, así como su comprensión de la reforma política, superaban a la de muchas personas incluso hoy en día.

Por supuesto, en el período que condujo a la Revolución de 1911, el debate entre el partido que protegía al emperador y el partido revolucionario se desarrolló políticamente, y la China después de Sun Yat-sen, la China del siglo XX, es básicamente una China revolucionaria. Y es por eso que el conservadurismo político de Kang ha tenido que ser condenado de manera integral. Pero ahora estamos repensando este período de la historia sobre la base de un siglo de experiencia revolucionaria. Permítanme recordarles a todos que no debemos caer en paradojas o círculos viciosos. Yo mismo creo que si hoy condenamos las revoluciones chinas del siglo XX basándonos en el conservadurismo de Kang, entonces eso es un poco pasajero y no una expresión de madurez política. De hecho, podríamos caer en un patrón extraño en el que, de hecho, continuaríamos oponiéndonos a la revolución sobre la base de una actitud [rígida] revolucionaria[4]. Lo que más me interesa es cómo una sociedad posrevolucionaria puede volver a cultivar una postura conservadora saludable, una actitud conservadora, gradual y progresista hacia los problemas sociales actuales y los modos de reforma. Por supuesto, esto es sólo mi punto de vista individual. Lo que quiero evitar es una posición que parezca simpatizar con el conservadurismo del último período de Kang, pero que de hecho sigue perpetuando una actitud revolucionaria radical que ha estado con nosotros durante más de un siglo ya. En mi opinión, lo que ha sucedido, ha sucedido, y lo que es importante, a raíz de todo lo que ha sucedido, después de un siglo de revolución, es cómo construir un conservadurismo saludable sobre la base de una postura firme y constante.

Partiendo de este punto de vista conservador, la siguiente cues-

---

[4]Yendo de un extremo a otro sin la debida reflexión

tión importante que hay que abordar puede estar relacionada una vez más con la evaluación del primer período de Kang, y especialmente de su *Confucio como reformador* (孔子改制考). En mi opinión, en los dos o tres mil años de historia del pensamiento político chino, nunca ha habido una obra tan destructiva como el *Confucio como reformador* de Kang. No es una exageración decir que *Confucio como reformador* derribó simbólicamente y puso fin al pensamiento y la cultura tradicionales chinos, en un acto de destrucción extrema. Por ejemplo, Gu Jiegang 顾颉刚 (1893-1980), fundador de la nueva historiografía china, escribió en su autobiografía que leyó a *Confucio como reformador* cuando era joven y que a partir de entonces sintió que nada sobre el pasado antiguo de China era creíble. El impacto de *Confucio como reformador* en la creación de esta visión completamente negativa de la historia y civilización clásicas chinas fue inimaginablemente enorme. Hoy nos cuesta imaginarlo, pero para muchos literatos de la época, *Confucio como reformador* fue una catástrofe. Esto es muy importante para quienes ahora nos dedicamos a repensar la tradición confuciana.

Un problema que tengo con Kang Youwei es que, si bien adoraba a Confucio, bajo la apariencia de ese culto, vació todos los elementos concretos de la tradición confuciana de *wenjiao* 文教; su actitud parece haber sido de «aprobación abstracta y rechazo concreto». En años posteriores, defendió el confucianismo como religión de Estado, pero ya se puede encontrar un atisbo de sus pensamientos sobre estas cuestiones en *Confucio como reformador*, porque la noción de un «rey sin corona (素王)» debe conducir necesariamente a esto. Personalmente creo que deberíamos ser más críticos con la lectura que Kang hace de Confucio y del confucianismo en su período temprano, representado por *Confucio como reformador*, así como con su postura básica de Gongyang 公羊 en el período Qing tardío, y no deberíamos continuar, como lo hemos hecho en el pasado, alabando su papel en la reforma de los Cien Días, y sus argumentos de Gongyang en el período Qing tardío, e incluso su desarrollo del «confucianismo milenarista 末世儒学». Por ejemplo, su «teoría de las tres edades 三世说» de Gongyang de finales de la era Qing era extremadamente caprichosa, ya que las edades podían evolucionar en cualquier momento, por lo que llegó a significar una postura en la que se podía emprender cualquier reforma cuando se quisiera. Espero que haya críticas más profundas de este tipo de «confucianismo milenarista».

En pocas palabras, mi punto de vista básico es que, si bien Kang Youwei era conservador en lo político, en términos de pensamiento y cultura era un radical extremo. Y este radicalismo intelectual parece impregnar toda su vida, desde su primera etapa hasta sus últimos años. Por esta razón, desde mi posición de conservador, todos los estudios de finales de Qing Gongyang, incluido el «confucianismo milenarista» de Kang, son extremadamente sospechosos y deben verse como una desviación de la tradición confuciana o incluso una traición a ella, y si pueden o no proporcionar recursos intelectuales para la construcción de un conservadurismo saludable es algo que merece una reflexión cuidadosa.

Y creo que detrás de todo esto se esconde otra gran pregunta, y es que los pensadores de finales de Qing Gongyang, y el *Confucio como reformador* de Kang Youwei representa este pensamiento hasta cierto punto, ilustran una tendencia hacia la politización excesiva, porque siempre insisten en que la erudición y el pensamiento deben estar subordinados a las necesidades políticas concretas. En otras palabras, no protegieron la relativa independencia del pensamiento y la erudición, de modo que pudieran permanecer al margen de las corrientes de la política concreta, sino que, en cambio, decidieron los objetivos del pensamiento y la erudición sobre la base de los grandes cambios políticos que imaginaban. Este es un problema muy grande, y todavía puede servirnos de lección hoy. Sigo creyendo que el verdadero espíritu confuciano rectifica gradualmente los corazones de las personas y pone orden en las costumbres populares mediante el trabajo paciente de la educación, y no espera resultados concretos de reformas políticas oportunas. Esta es la distinción entre la «gran política» y la «pequeña política». Y esta es probablemente la justificación detrás de mi devoción a la educación a lo largo de los años. Eso resume lo que tenía que decir. Espero sus comentarios y críticas. Muchas gracias.

Las reformas de las instituciones *jiaohua* propuestas por los confucianos modernos

- Por Tang Wenming

Escribí un libro sobre la «teoría de la religión confuciana» de Kang Youwei, y en los meses que lo estuve escribiendo siempre estaba imaginando el sentimiento que Kang debe haber tenido mientras cultivaba en la cueva Baiyun 白云洞, en la montaña Qiqiao 西樵山. Debido a las limitaciones de tiempo, no pude escribir un artículo completo para esta conferencia, así que solo hablaré de los puntos principales que hubiera presentado. Mi objetivo principal es describir el contexto en el que los confucianos modernos han propuesto reformas al sistema *jiaohua*. Me centraré en dos personas clave, una es Kang traducida aquí, Youwei y la otra es Ma Yifu 马一浮, uno de antes del establecimiento de la República, el otro de después del 4 de mayo. Comenzaré con las reformas de Kang Youwei y luego hablaré de Ma Yifu, y al final ofreceré una conclusión.

Hace un minuto, el profesor Gan señaló que, en el pasado, los estudios sobre Kang Youwei tendían a centrarse en el período de la Reforma de los Cien Días, mientras que más recientemente se han centrado en la vida posterior de Kang. En mi caso, me centro en la cuestión de Kang y la religión confuciana, y he hecho hincapié en el período inicial, cuando Kang tenía básicamente veinte años. Presté especial atención a su libro *El significado integral de la educación* (教学通义), que ha sido más o menos ignorado por los académicos. Mi sensación es que, desde el punto de vista de la reforma del sistema *jiaohua, El significado integral de la educación* es quizás la obra más importante de Kang, y que su trabajo de reforma de jiaohua en el período de la Reforma, durante su período de exilio y después del establecimiento de la República, todos estuvieron estrechamente vinculados a esto.

En primer lugar, a través de *El significado integral de la educación* podemos entender cómo se posicionó el confucianismo[5]. En mi libro hay un capítulo titulado «Venerando a Zhu Xi 朱熹». Kang tenía una alta opinión del neoconfucianismo, aunque también comprendía sus deficiencias y enfatizaba la importancia de los clásicos del Nuevo Texto. Podríamos decir que su postura básica dentro del confucianismo era la de los estudios de Gongyang más el neoconfucianismo. En poemas y canciones escritas en su juventud, Kang comparó a Zhu Xi con Martín Lutero y Hui Neng 慧能, y claramente tomó las ambiciones de vida de Zhu Xi como propias. Por supuesto, para comprenderlo realmente, sería necesario profundizar más en la noción de «estudios de Gongyang más neoconfucianismo», y hoy no hay tiempo para eso, pero me gustaría señalar que este estilo de pensamiento estaba estrechamente vinculado al del maestro de Kang, Zhu Ciqi 朱次琦 (1807-1881), y era un estilo de pensamiento que se desarrolló en el contexto del pensamiento confuciano de finales del período Qing. En la época Qing apareció una tendencia de pensamiento llamada «pensamiento basado tanto en Han como en Song», porque en esa época las divisiones entre los que preferían el confucianismo Han y los que preferían el neoconfucianismo Song eran bastante marcadas. Zhu Ciqi formaba parte de esta tendencia, y Kang Youwei desarrolló su propio pensamiento sobre esta base.

El segundo punto que me gustaría señalar es que el argumento principal de *El significado integral de la educación* tiene que ver con la reforma del sistema *jiaohua*, sobre el cual no entraré en detalles aquí; en su lugar, solo señalaré algunas conexiones con la teoría de Kang sobre la religión confuciana (孔教). En su opinión, los textos antiguos como el *Libro de los Documentos* (尚书,书经) y los *Ritos de Zhou* (周礼) dejan claro que, en la antigüedad, existía una diferencia entre el sistema *jiaohua* para la élite y el destinado al pueblo común. Sin embargo, Kang argumentó que, comenzando con Dong Zhongshu 董仲舒 en el período Han, y continuando con la elaboración del sistema de exámenes desde la época Song en adelante, el sistema *jiaohua* se centró solo en el elemento de élite, los literatos,

---

[5]Dentro del proyecto *jiaohua*

dejando graves fallas en el nivel de educación popular. Tuvo poco que decir sobre el sistema de pacto de aldea de la era posterior a Song, pero tuvo fuertes críticas al sistema de exámenes. En resumen, Kang sintió que el pasado sistema *jiaohua* confuciano básicamente pasó por alto la educación de los plebeyos, y que ahora deberíamos promover los textos para restaurar la educación plebeya (庶民之教). Esta fue una de las propuestas importantes de Kang con respecto a la reforma del sistema *jiaohua*. El método básico para restaurar la educación plebeya fue el establecimiento de iglesias confucianas (教堂) y la compilación de textos sobre la base de los cuales se construiría la religión confuciana. La mayoría de la gente dice que tales propuestas fueron el resultado de la influencia cristiana, pero creo que es más preciso decir que fue la profunda comprensión de Kang de la política moderna lo que lo llevó a su teoría de la religión confuciana. De hecho, su sistema de pensamiento general no tiene nada que ver con el cristianismo. En esa época, el cristianismo se estaba desarrollando muy rápidamente en Guangdong, y esto seguramente lo impulsó a reflexionar sobre la cuestión de una religión confuciana, pero nunca en su vida se dedicó a una investigación profunda sobre el cristianismo. En cambio, simplemente sintió que las instituciones *jiaohua* confucianas basadas en el sistema de exámenes eran inadecuadas. Esto se debe especialmente a que sintió que la sociedad moderna es una sociedad donde la gente común constituye la figura central, lo que significaba que la educación de la gente común se volvió extremadamente importante. El énfasis en la religión confuciana en *El significado integral de la educación* es importante para nuestra comprensión de los pensamientos posteriores de Kang sobre la religión confuciana, ya sea durante la *Reforma de los Cien Días*, su período de exilio o después de la fundación de la República. Por supuesto, hubo pequeños cambios en su pensamiento, pero sus ideas básicas no pueden entenderse adecuadamente sin tener en cuenta *El significado integral de la educación*, lo que significa, en otras palabras, que lo que encontramos en *El significado integral de la educación* es una base para su desarrollo posterior. Por ejemplo, durante el período de la Reforma de los Cien Días, la propuesta de

Kang de establecer una religión confuciana fue parte de sus ideas para la reforma del sistema de exámenes, y se basa en su pensamiento expresado en *El significado integral de la educación*. Como otro ejemplo, en sus memoriales al emperador durante la *Reforma de los Cien Días*, afirmó claramente que las funciones de la iglesia confuciana y las escuelas [no confucianas] (学校) no eran las mismas, lo que significa que las escuelas no podían reemplazar la función de la religión confuciana. La religión confuciana estaba centrada en la sociedad en general y no era una escuela para la formación de la élite. Y como otro ejemplo más, solía haber una teoría popular de que *el Estudio de las falsificaciones de nuevos textos* de Kang y su *Confucio como reformador* eran parte de la *Reforma de los Cien Días*, pero esta teoría es muy problemática. Esto queda claro por el hecho de que en la época de las reformas, las élites que eran más conservadoras que Kang estaban de acuerdo con sus propuestas concretas de reforma, mientras que no estaban de acuerdo con su erudición. Una persona con la inteligencia de Kang comprendía perfectamente que su erudición podía producir una enorme controversia, y podría haberse concentrado simplemente en los detalles concretos de la reforma, dejando de lado la erudición, siguiendo un camino como el de Zhang Zhidong 张之洞. Pero no lo hizo, porque consideraba que la erudición [clásica] era extremadamente importante. Podríamos decir que los planes de reforma institucional *jiaohua* de Kang en ese momento eran bastante radicales, pero su plan de reforma política general era más reformista. Además... según la investigación de Mao Haijian 茅海建, *Confucio como reformador* no fue presentado en ese momento[6]. Si este fue realmente el caso, entonces la razón fue probablemente facilitar la aprobación de sus medidas de reforma política. Aunque algunos podrían decir que las dos obras de Kang que se analizan aquí[7] fueron escritas principalmente para beneficio de los compañeros confucianos de Kang, y no eran los mismos que los materiales presentados en memoria del emperador, esto todavía ofrece sólo una explicación parcial, porque en última instancia la

---

[6]Como parte de su memorial al emperador Guangxu.

[7]*Confucio como reformador* y *Estudio de falsificaciones de nuevos textos*.

importancia de los vínculos entre el significado político de la erudición clásica y la monarquía no son menos importantes que los vínculos entre la erudición y las instituciones burocráticas de élite. No podemos ver sus dos estudios simplemente como instrumentos estratégicos empleados en la *Reforma de los Cien Días*. Kang había pensado profundamente sobre la transformación de las instituciones *jiaohua* confucianas y, por supuesto, estas ideas se desarrollaron en el marco más amplio de la reforma de las instituciones políticas. Esto está claro.

Las reflexiones de Kang sobre la religión confuciana durante su período de exilio y durante el período republicano se centraron principalmente en la cuestión de la relación entre la religión confuciana y China. No entraré en detalles, pero su pensamiento básico no era construir la nación directamente sobre la base de los estudios clásicos, sino más bien construir la religión confuciana sobre esa base, y así utilizar la religión para construir la nación... Para Kang, la nación y la religión estaban vinculadas a través del concepto de una religión nacional. La religión trasciende las fronteras nacionales, pero desde una perspectiva histórica, China y la religión confuciana tenían una relación particular, ya que la religión confuciana había sido la religión nacional desde la dinastía Han, una situación que podía y debía continuar en la actualidad, en opinión de Kang. La clave aquí es que Kang comprendió que pensar en la construcción de la nación únicamente en términos políticos no era suficiente y, de hecho, su promoción de una religión confuciana significaba que podía y debía convertirse en una fuerza orientadora que mantuviera unida a China. Así pues, para resumir las reflexiones básicas de Kang Youwei sobre la China moderna, hay tres elementos que debemos entender plenamente. Uno de ellos es, por supuesto, la república, que está relacionada con la concepción que Kang tiene de la política moderna, ya sea en términos de tiempo o de espacio. El segundo es el significado de la monarquía, y el tercero es el significado del confucianismo como religión nacional. En una conferencia reciente en Shanghái propuse una idea: que Kang Youwei sea visto como el «legislador» de China, en términos de Rousseau. No Sun Yat-sen, ni

Mao Zedong, ni Zhang Taiyan, sino Kang Youwei. La importancia de un legislador a menudo no puede apreciarse hasta varias generaciones después de su tiempo, lo que significa que podría haber fracasado durante su vida. Un legislador puede no estar armado, y puede muy bien ser un profeta desarmado. Si examinamos la China moderna desde esta perspectiva, descubriremos que el pensamiento de Kang Youwei se eleva por encima del de Zhang Taiyan 章太炎, de Sun Yat-sen y de Mao Zedong. Por esta razón, en mi opinión, lo más importante que el mundo del pensamiento de la China contemporánea debe hacer es afirmar la posición de Kang como legislador de la China moderna, sólo después de lo cual podremos comenzar a discutir de manera fructífera otras cuestiones desde la perspectiva adecuada.

El significado político de Confucio como reformador

- Por Zhang Xiang

Me gustaría agregar algo en relación con la presentación de Tang Wenming. ¿Cuál es el significado político de *Confucio como reformador*? Hay una fuente que podría ayudarnos a entender esto. En su *Estudio de la historia de la Reforma de los Cien Días*, el libro de texto de Huang Zhangjian, se utiliza una carta que Kang le escribió a Zhao Bizhen alrededor de 1901. En mi lectura, Kang reflexiona sobre sus errores en el proceso de reforma de una manera que rara vez se ve en otro lugar. Kang señala que él mismo era diferente antes y después de su encuentro con el emperador Guangxu. Antes de conocer al emperador, al escribir *Sobre la enseñanza de los anales de Dong Zhongshu* (春秋董氏学) y *Confucio como reformador*, su sensación era que no había esperanza para los Qing, es decir, que «sin nada que ganar en la cima, debemos luchar por la base», lo que lo llevó a promover en gran medida la soberanía popular y temas similares. Pero una vez que conoció al emperador, pensó que podría haber esperanza, lo que significaba que por todos los medios tenía que mantener la confianza del emperador. El documento que tenemos ahora está incompleto, pero contiene los puntos principales del debate entre Kang y Liang Qichao y otros discípulos en 1903. Él no creía que la razón del fracaso fuera que la reforma se hubiera llevado a cabo demasiado apresuradamente, sino que más bien creía que se habían dado las condiciones para avanzar rápidamente. Creía que el fracaso se debía a que en ese momento la gente no sabía si podía confiar en el emperador Guangxu, por lo que depositaban sus esperanzas en las reformas que se estaban llevando a cabo en Hunan, donde «el pueblo chino renacería». ¿Por qué fue tan fuerte la reacción conservadora a las reformas en Hunan? Esto fue el resultado de que Liang Qichao había establecido escuelas y periódicos en Hunan. En la primavera de 1898, la gente de Hunan ya estaba difundiendo la noción revolucionaria de «independencia y renovación de la raza (自立易种)». Mirando hacia atrás desde la perspectiva de esta carta, *Confucio como reformador* seguramente contenía contenido político.

Gan Yang: La pregunta es cómo Kang pretendía llevar a cabo *el jiaohua*... Permítanme también mencionar una duda que tengo sobre la presentación de Tang Wenming. Mi sensación es que la discusión de Kang sobre la educación del pueblo no era nada más que lo que Liang Qichao mencionó en «renovar al pueblo 新民». La idea de que Kang sentía que el confucianismo había descuidado históricamente la educación del pueblo es una teoría muy extraña. ¿Cómo podrían los confucianos no educar al pueblo? El punto era que Kang no estaba contento con la forma en que los confucianos habían educado tradicionalmente a los plebeyos, y por eso esperaba una «nueva enseñanza[8]» (新教) que, a mi modo de ver, nuevamente, es lo mismo que la «renovación del pueblo» de Liang. El confucianismo tradicionalmente, por supuesto, tomó medidas para llevar a cabo la educación del pueblo, y todo su éxito dependió de su alcance al pueblo, que penetró tempranamente en sus corazones. Por supuesto, esta educación plebeya se puede reducir a dos caracteres, los de la «piedad filial» y el «amor fraternal» (孝悌). El proble-

---

[8]Que es también la palabra para el protestantismo.

ma fue que Kang pensó que esto era insuficiente, que no había un contenido educativo real en la educación plebeya. Así que le dio la vuelta a la educación plebeya confuciana, pero esto no significa que no hubiera habido educación plebeya antes de este punto. Por eso creo que el punto de Tang Wenming es dudoso y necesita discusión.

En cuanto a las diferencias de Kang antes y después de reunirse con el emperador, esto supone un problema, que aquí, precisamente, lo hace sospechoso de haber dado la espalda por completo al confucianismo. Siento que esto todavía necesita mucha investigación, incluyendo sus posteriores discusiones sobre la religión nacional, que también se relacionan con esto. La cuestión central es: ¿Qué se enseñará? ¿Qué transformación está buscando? ¿Cómo se llevará a cabo la enseñanza? Si Kang quería dejar atrás la educación común tradicional de «piedad filial y amor fraternal» y ofrecer un nuevo tipo de educación común, entonces esto plantearía demasiadas preguntas, como la de la diferencia entre esto y la «renovación del pueblo» de Liang Qichao. Mi sensación es que este era precisamente su punto más radical, no el más conservador. Así que invito a Wenming a reflexionar sobre esto. ¡Gracias!

Es mejor reformar el sistema *jiaohua* a través de una reforma política de alcance limitado

- Por Tang Wenming

Daré una respuesta rápida. Primero, en cuanto al comentario de Zhang Xiang, en realidad no tengo la intención de desafiar la vieja teoría, sino que solo quiero dejar en claro que, si bien en el pasado, vimos a *Confucio como un reformador* como una herramienta empleada al servicio de la reforma, ahora vemos que esto es inexacto. Mi sensación es que Kang Youwei había reflexionado profundamente sobre la reforma del sistema *jiaohua*, de lo contrario no habría sacrificado sus reformas políticas por ello. Por supuesto, a los ojos

27

de Kang, la reforma del *sistema jiaohua* también tenía implicaciones políticas. Entendía que el objetivo era una reforma política de enfoque estrecho que estuviera en línea con la reforma del sistema *jiaohua*. Por ejemplo, esto queda muy claro cuando lo comparamos con las propuestas de Zhang Zhidong. Para Zhang, todo lo que se necesitaba era una reforma política; *el sistema jiaohua* podía dejarse en paz. Aquí, la diferencia es que Kang, frente a los tiempos cambiantes, entendió que el sistema *jiaohua* también tenía que ser reformado.

En cuanto a la pregunta del profesor Gan, esto se relaciona con las dos cuestiones distintas: las opiniones de Kang y cómo evaluamos esas opiniones. Las opiniones de Kang eran las que señalé antes; que, en parte, los desarrollos del neoconfucianismo Song-Ming significaban que el confucianismo ya había tomado el camino del populismo, especialmente mediante el uso de pactos comunitarios. Por supuesto, tiene razón en esto. Yûzô Mizuguchi 口雄三 tiene una teoría que transmite aproximadamente esta idea: sostiene que el surgimiento del neoconfucianismo en los períodos Song y Ming significó un cambio en el enfoque de la *jiaohua* .La Song vio un alejamiento de la monarquía original hacia el gobierno de la nobleza, y la Ming vio un cambio de la nobleza hacia los plebeyos. Hay problemas con este argumento, pero probablemente nos ayuda a entender las transformaciones sociales en los períodos Song a Ming y la relación del neoconfucianismo con estas transformaciones. Desde otro ángulo, Kang Youwei también fue muy crítico de los métodos empleados en la *jiaohua* neoconfuciana de Song-Ming. Sentía que los pactos comunitarios habían dejado de ser útiles y que lo que se necesitaba era un movimiento hacia la religión. Pero esta idea no era sólo una respuesta al desafío del cristianismo, sino que se basaba en su comprensión y experiencia del confucianismo... Kang tuvo una profunda experiencia religiosa mientras meditaba en la montaña Xijiao, lo que significa que no inventó sus teorías de la religión confuciana de la nada, sino que las forjó a partir de sus experiencias de meditación. Así que, aunque naturalmente sentía que el neoconfucianismo Song-Ming era superior al confucianismo Han-Tang en términos de ampliar el conocimiento popular y consolidar la moralidad popular, la consolidación de la moralidad popular entre la gente común ahora requería progresar al nivel de la religión, incluso si los conceptos centrales seguían siendo las nociones morales aparentemente simples de piedad filial, amor fraternal, benevolencia y rectitud. Me resulta difícil ver esto como algo que cambie algo en absoluto, a menos que queramos ver el neoconfucianismo como una inversión del confucianismo. Pero estas cuestiones conceptuales no coinciden completamente con las cuestiones institucionales. Creo que lo que Gan Yang quiso decir fue que las instituciones políticas tradicionales de China, y en particular la monarquía y el sistema de exámenes, a nivel institucional garantizaban *la jiaohua confuciana*. Para los plebeyos. No había nada particularmente malo con estas instituciones, pero mi sensación es que Kang Youwei comprendió que en una nueva era, *la jiaohua* confuciana ya no podría llevarse a cabo de la misma manera. En este sentido, las opiniones de Kang cambian radicalmente los métodos empleados en *la jiaohua* confuciana tradicional. Como dije hace unos minutos, cuando era joven, Kang Youwei veía a Zhu Xi como el equivalente confuciano de Martín Lutero o Hui Neng, y más tarde se vio a sí mismo como el Martín Lutero de la religión confuciana. Aquí tenemos una idea de la autoinversión de Kang en el asunto de la reforma *de la jiaohua*. En términos de importancia, el cambio del confucianismo Han-Tang al neoconfucianismo Song-Ming puede compararse con el cambio del catolicismo al protestantismo, en particular el cambio de un sistema basado en el ritual y la música a un sistema basado en el cultivo mental o espiritual, que es extremadamente importante en la historia del confucianismo. Además, había un carácter fundamentalista en lo que buscaban los neoconfucianos. Creían que estaban exponiendo lo que decía Confucio, mientras que los confucianos Han-Tang habían reverenciado al duque de Zhou 周公.

En cuanto a la cuestión de cómo evaluamos las opiniones de Kang Youwei, básicamente estoy de acuerdo con el profesor Gan en el sentido de que Kang no es lo suficientemente conservador. Al mismo tiempo, en mi opinión, las reflexiones de Kang en un nivel son una respuesta a Rousseau. Una vez que las teorías de Rousseau sobre la soberanía popular se afianzaron, las nociones de legitimidad política se trastocaron y ya no se podía buscar legitimidad en ideas tradicionales como el derecho divino de los reyes o la escuela Gongyang de China. Para decirlo simplemente, el objetivo inicial de los argumentos de Kang Youwei sobre la legitimidad política no era discutir esta clase de legitimidad, sino consolidar la base de la *jiaohua*. En otras palabras, está claro que Kang estaba tratando de resolver problemas difíciles relacionados con el gobierno republicano y la soberanía popular. En una era republicana, en una era de soberanía popular, en una situación en la que la república democrática es la norma, ¿cómo debemos imaginar la construcción de nuestra *jiaohua*? ¿Debemos aspirar a otra teocracia? Es evidente que Kang Youwei no pensaba así. Por supuesto, Kang Youwei nunca concibió nuestro actual sistema de Partido-Estado. Así pues, en el pensamiento de Kang, la única y necesaria función de la religión confuciana era la de religión de Estado, y desde el punto de vista del cambio institucional, el sentido de tener una religión nacional era permitir la separación de la Iglesia y el Estado. Hablo de esto en detalle en mi libro. En términos de la construcción de una nueva política republicana, la religión nacional era una medida importante para proteger la república. Una de mis preocupaciones más prácticas es que para que la religión confuciana entre en la sociedad, no podemos conformarnos con teorías académicas, sino que debemos pensar en otras instituciones fuera de la universidad. Esto significa que, sí, tal vez nuestro contenido debería ser un poco más conservador, pero aún necesitamos innovar institucionalmente. Podría llamar a esto «poner vino viejo en botellas nuevas».

Salvando a Kang Youwei de la superstición educativa occidental

- Por Yao Zhongqiu

En mi opinión, Kang Youwei es verdaderamente una figura importante en la historia moderna del pensamiento chino, o como lo expresó Tang Wenming, Kang es el legislador de la China moderna, y prácticamente todo el pensamiento chino moderno se remonta a Kang Youwei. Siento que Kang era más astuto que otros, particularmente en la importancia que le dio a la enseñanza (教), porque en el proceso de construcción de una nación moderna, enfatizó particularmente esta cuestión.

Sin embargo, después de leer las explicaciones sistemáticas de Kang, para decir la verdad estoy bastante decepcionado, porque sus teorías están llenas de contradicciones. El hecho de que no pudiera establecer su religión confuciana estaba predeterminado desde el principio, y está condenado al fracaso también en el futuro. Entonces, desde mi punto de vista, el objetivo compartido por personas como Tang Wenming y Chen Ming[9] está igualmente condenado al fracaso.

Entonces, ¿cuál es el problema? Por un lado, admiro mucho a Kang Youwei, porque como observador del sistema *jiaohua* de China fue capaz de describirlo con mucha precisión, de maneras similares a cómo lo veo ahora. Por ejemplo, en una serie de argumentos, señaló que las enseñanzas de Confucio no son «enseñanzas sagradas» (神教). Confucio era un maestro reverenciado (先师), y la gente lo estudia, lo que significa que las enseñanzas de Confucio son primero un campo de «estudio», algo que se realizó a través del proceso de estudio. Lo que la mayoría de la gente estudia es *wen* 文, cuyo significado es muy rico; al menos desde el momento en que se compuso el *Libro de los Documentos, wen* debe entenderse como el concepto más importante para nuestra comunidad. He estado enseñando un curso sobre *El Libro de los Documentos.* En los últimos años, he estado pensando en wenjiao 文教 y en las explicaciones de Confucio sobre *wen,* y he llegado a una comprensión inicial del pasaje. *Wen* parece ser un concepto particularmente importante, incluido su significado en compuestos como *wende* 文德 *(virtud o poder logrado).* Hace unos minutos, Tang Wenming dijo que Kang Youwei creía que la China tradicional no tenía *una* «educación plebeya». Gan Yang

---

[9]Que propone el establecimiento de una religión confuciana.

no estuvo de acuerdo, insistiendo en que nuestra enorme comunidad, con su propia coherencia, que aún está creciendo y expandiéndose, debe poseer su propia educación plebeya. Por supuesto que sí, pero el problema es que ahora hay demasiadas personas que utilizan nociones occidentales de enseñanzas sagradas para contemplar nuestro sistema educativo. De hecho, *jiao* es lo mismo que *wen*, y los rituales, la música y las costumbres populares son todos medios por los cuales se transmite *jiaohua* a las masas. Me gustaría agregar algo más, y es que de hecho había dos niveles en el sistema *jiaohua* tradicional de China. Un nivel de hecho produjo un grupo de élite a través de un programa de «estudios de caballeros 士君子之学», una élite que realmente moldeó su cuerpo y alma a través del estudio de cosas como los seis clásicos. El otro nivel se refería a la gente común, que practicaba rituales y música originalmente producida por las élites. Y algo más que encuentro extremadamente importante es que en la sociedad tradicional china, lo «sagrado» estaba contenido en el *wen*. En nuestro sistema *jiaohua, wenjiao* dominaba las enseñanzas sagradas, y estas enseñanzas sagradas dependían de *wenjiao*. Estamos celebrando nuestra conferencia en la montaña Xijiao, que es muy representativa en el sentido de que tiene todo tipo de dioses, pero todos estos dioses son portadores de un *wen* común, portadores del sistema de valores chino preservado por los confucianos. En otras palabras, muchas enseñanzas sagradas son elementos orgánicos del *wenjiao*, o en el contexto confuciano, Confucio utilizó todo tipo de enseñanzas sagradas para *jiaohua* a las masas. Por un lado, Confucio utilizó sus propios textos para *jiaohua* a la élite, de modo que algunos de ellos alcanzaron la etapa de «aquellos que aprenden, y así, fácilmente, obtienen posesión del conocimiento», incluyendo aquellos para quienes «el estudio era difícil». Para aquellos que abandonaron sus estudios porque era demasiado difícil, el único método restante era «enseñar usando la vía sagrada[10]».

De hecho, «enseñar usando la vía sagrada» significa investir estos valores con un significado religioso. Esto significa que los diversos tipos de religión son, de hecho, caminos por los cuales se ha

---

[10]Del *Libro de los Cambios*.

transmitido *la jiaohua* confuciana. Entre estos están los rituales y la música, algo que encontramos en muchas enseñanzas sagradas. Por lo tanto, en la vida observable de la gente común en todas partes, lo que vemos es un sistema religioso con muchos dioses, y de hecho un individuo puede creer en muchos dioses al mismo tiempo.

Hay otro punto que podríamos discutir. Tang Wenming ha escrito un libro llamado *Fujiao zaikuan*, en el que sostiene que los valores confucianos no solo impregnaron las creencias populares de bajo nivel en la forma descrita por el discurso académico moderno sobre la religión, sino que también influyeron en religiones chinas ortodoxas y maduras, como el budismo chino con el que todos están familiarizados. La sinización del budismo fue, en realidad, propiamente hablando, la confucianización del budismo, que podemos ver muy claramente en el «budismo del reino humano 人间佛教» de hoy. Esta «humanización» del budismo se ha vuelto cada vez más clara desde el período Song-Ming, y refleja una adopción a gran escala del confucianismo. Por lo tanto, el budismo y el taoísmo pueden convertirse en canales para la transmisión de los valores confucianos.

Creo que esta es la situación básica con respecto al sistema *jiaohua* chino. En términos simples, el confucianismo es un *wenjiao* que enseña y transforma a la gente a través de otro conjunto de medios, en lugar de directamente a través de la práctica de la élite confuciana. En resumen, este fue el sistema *jiaohua* sumamente efectivo que estuvo vigente en China durante los últimos dos milenios.

Kang Youwei lo entendió, pero no estaba satisfecho con ello. Escribió algunos ensayos sobre el tema, concluyendo que nuestro sistema *jiaohua* era demasiado primitivo. Así pues, mi profunda sensación es que en la construcción de la religión confuciana por parte de Kang, vemos su aceptación de la superstición occidental relativa al sistema *jiaohua* del monoteísmo. Consideraba que uno de estos sistemas era primitivo y el otro, civilizado.

La influencia del pensamiento de Kang sobre este tema ha sido enorme durante el siglo pasado, hasta el punto de que la mayoría de los intelectuales chinos creen que el sistema de creencias chino y el sistema *jiaohua* de una sociedad así son primitivos, mientras que el de una sociedad monoteísta es superior. En su momento, el razonamiento de Kang era una cuestión de sentimiento personal, mientras que los intelectuales de nuestra generación probablemente han estado más influidos por las teorías de la religión de Weber, que han dado forma a nuestras supersticiones sobre los sistemas *jiaohua* occidentales, convenciéndonos de que sólo los sistemas monoteístas son sofisticados. En su *obra La ética protestante y el espíritu del capitalismo,* Weber demostró la estrecha relación que existe entre el protestantismo y diversas instituciones. Por eso, nuestras supersticiones sobre la superioridad del monoteísmo son quizás más fuertes que las de Kang Youwei, hasta el punto de que muchos intelectuales han sido seducidos por el protestantismo. Considero que éste es un problema muy serio.

Desde el comienzo de su exploración de las diferencias entre las enseñanzas chinas y occidentales, Kang siguió un camino heterodoxo. Al principio de su comparación, decidió que no éramos tan buenos como Occidente. Todas las comparaciones entre la cultura china y la occidental parecen seguir este patrón, ya que obtenemos lo peor de cualquier comparación, lo que requiere una abnegación total. Aunque Tang Wenming sostiene que las ideas de Kang sobre el establecimiento de la religión confuciana no fueron influenciadas directamente por el protestantismo, por lo que he visto, fueron directamente estimuladas por él. Incluso hoy, académicos como Jiang Qing y Chen Ming que hablan de establecer una religión confuciana han sido todos motivados por el cristianismo, sin excepción. Lo que más les preocupa es la difusión a gran escala del cristianismo en China, que requiere el establecimiento de otra religión para bloquearlo. Pero la manera en que se proponen hacerlo es establecer un protestantismo al estilo chino, que para mí es el equivalente de una «religión claudicante».

Así que aquí iré directamente a mi conclusión. El complejo sistema *jiaohua* de China, con *el wenjiao en su centro, es a la vez el sistema jiaohua* más simple y más exaltado. Si la humanidad estuviera buscando una enseñanza universal, sería al estilo chino, un sistema *jiaohua con el wenjiao* en su núcleo. Sólo mencionaré un punto superior de este tipo de sistema, que es que puede vincularse con todas las enseñanzas sagradas y hacerse cargo de ellas, de modo que las guerras religiosas ya no tengan que ocurrir. Este es un hecho histórico que podemos ver en China. Precisamente porque *el wenjiao* penetró en las diversas enseñanzas sagradas, los elementos extremos de estas enseñanzas sagradas fueron suprimidos. El *wenjiao* también puede hacer que los creyentes de las otras religiones compartan una identidad cultural común. Y sobre la base de esta identidad cultural común, construimos una enorme comunidad política.

Un problema central al que se enfrenta China actualmente es cómo lograr que los creyentes religiosos se identifiquen con el Estado. Para ello, necesitamos un *wen* común, y este *wen* en última instancia requiere la reconstrucción de un sistema *jiaohua*. Por lo tanto, mi conclusión es que debemos rescatar a Kang Youwei de su creencia supersticiosa en *el jiaohua* occidental.

Regresando a Kang Youwei

- Por Chen Ming

Lo que caracteriza a los nuevos confucianos del continente 大陆 新儒家 en términos de su orientación básica es que se preocupan por la construcción del Estado y la nación, a diferencia de los nuevos confucianos de la diáspora, cuyas preocupaciones son la democracia y la ciencia, una reacción pasiva tras el ataque de la cultura occidental. En términos de estilo académico, los nuevos confucianos del continente emplean el discurso y la perspectiva de la religión, no la filosofía o la ética, las opciones de los nuevos confucianos de la diáspora. Mucha gente se opone a nuestra teoría del «confucianismo», porque, en la opinión de algunas de estas personas, refleja la influencia del cristianismo. Esto nos subestima y sobreestima al cristianismo, así como su propia comprensión de los clásicos y la historia confucianos. De hecho, hay ejemplos claros que atestiguan la creencia en Dios en los clásicos confucianos, en el *Libro de los Documentos* 书经 y el *Clásico de la poesía* 诗经, por ejemplo, donde Dios aparece como creador y maestro. Y fue precisamente sobre la base de esta larga tradición que Confucio atravesó el caos primigenio (descrito en las *Diez Alas* 十翼 como «el gran atributo del cielo y la tierra es dar y mantener la vida») transformando así una tradición misteriosa, llena del sabor de la religión natural, en confucianismo, que está guiado por el espíritu del humanismo. Esta fue una transformación de una comunicación entre el cielo y el hombre dominada por los chamanes, a una unidad entre el cielo y el hombre lograda a través del cultivo del cielo y la virtud. La práctica confuciana se desarrolla en las formas del mundo y en los corazones de los hombres; la placa con los caracteres «cielo-tierra-señor-padre-maestro 天地君亲师» todavía se encuentra en muchos lugares. Si evitamos la estrecha definición cristiana de religión, entonces es obvio que el confucianismo pertenece a la amplia categoría de religión. El concepto de *wenjiao* de Qiu Feng es una lectura extraña y, de hecho, es un artefacto del deseo del *4 de mayo* de establecer una diferencia entre el confucianismo y el cristianismo, al mismo tiempo que describe la función social del confucianismo. Si lo analizamos de cerca, el «*jiao*» de «*wenjiao*» es un verbo, que significa la «enseñanza de *wen*», en oposición a la fórmula legalista de la «enseñanza de leyes» y tomar a los funcionarios del gobierno como maestros. La cultura del confucianismo residía en manos del antiguo Ministerio de Educación, que, siguiendo la lógica de la complementariedad (顺阴阳), creó *jiaohua*, elaborando enseñanzas a partir del camino sagrado. La base de estas enseñanzas es la benevolencia (*ren*). Dong Zhongshu lo dijo con mucha claridad: «la benevolencia es el corazón del cielo»; o en palabras de los neoconfucianos Song: «[la benevolencia significa que el cielo y la tierra son el corazón de los seres vivos». O para citar al propio Confucio: «[la benevolencia describe] el gran poder del cielo y la tierra». Esto nos dice que lo que se enseña en un *wenjiao* tal vez no pueda entenderse como religión, pero el *wen* en el centro debe entenderse como religión. Han Wudi 汉武帝 (r. 141-87 a. C.) eligió destacar el confucianismo, lo que le dio una función política, creando la naturaleza especial del confucianismo. Esto fue extremadamente importante para el confucianismo, en el sentido de que estaba investido de un propósito excesivamente mundano, pero esta particularidad no niega la naturaleza religiosa del confucianismo. Obviamente, no hay tiempo aquí para discutir las características especiales de las religiones en general. En pocas palabras, desde una perspectiva religiosa, para comprender la tradición confuciana es necesario prestar atención no sólo a su papel en la construcción del Estado y la nación, ni sólo a su preocupación por reconstruir una base social confuciana moderna. Debemos corregir el error, cometido originalmente durante el período del *4 de Mayo*, de «filosofar» sobre los clásicos confucianos y volver a la naturaleza original del confucianismo y a los valores que objetivamente reverenciaba.

Éste es también un punto de partida para comprender correctamente a Kang Youwei. En las últimas semanas, he estado hablando de volver a Kang Youwei en conferencias en Pekín y Shanghái, y aquí volveré a destacar mis puntos básicos.

En primer lugar, volver a Kang Youwei significa regresar a los problemas que él enfrentó, que eran los de la construcción del Estado y la construcción de la nación. Las narrativas políticas más importantes en los tiempos modernos son el plan del Partido Revolucionario[11] para salvar la nación, el plan del PCCh para salvar la nación y la teoría liberal de la Ilustración. Sus respectivos objetivos políticos eran: deshacerse de los manchúes, la consecución del comunismo y la liberación individual. Fueron concebidos y desarrollados a raíz de la intensificación de las crisis internas y externas de China y la intervención del movimiento comunista internacional. La angustia emocional asociada con estos cambios llevó a la gente a culpar a la cultura del trauma de los tiempos modernos, lo que condujo a la narrativa de la Ilustración, considerada válida para todos los tiempos y lugares. La historia y la filosofía del movimiento comunista internacional son básicamente las mismas. Las ideas proporcionadas por el pensamiento de la Ilustración pusieron de relieve

---

[11]El Guomindang.

los problemas de China, y el camino y los objetivos de China quedaron claros. Pero estas mismas ideas revelan las limitaciones del *4 de mayo* y nos llevan a redescubrir y comprender de nuevo a Kang Youwei. En comparación con la China imaginada por Kang Youwei, una China en la que se mantendrían las fronteras del imperio Qing, establecidas por la fuerza militar de los manchúes, junto con su integración étnica, incluso mientras China navegaba por la transición hacia una república moderna, las ideas tanto de la izquierda como de la derecha parecen lamentables.

El desafío que enfrentamos en la era moderna fue una crisis existencial bajo la presión de la invasión extranjera, que involucraba la protección de nuestro territorio y soberanía y la preservación de nuestra seguridad física y material. Esta crisis creó un consenso en torno a las ideas de salvación y la búsqueda de riqueza y poder. En este contexto, la eficacia del desempeño del gobierno se convirtió en la medida más importante de su legitimidad y su objetivo más importante. Esto no es lo mismo que la reorganización social resultante de la revolución industrial, o la comprensión y búsqueda de la justicia política que surgió de esta reorganización. Una diferencia importante es que los derechos del individuo, tema central de la narrativa de la Ilustración, explorado artísticamente durante el Movimiento de la Nueva Cultura a través del ibsenismo, entre otros, de hecho existen en cierta tensión y conflicto con las urgentes tareas de la historia china moderna. Desde esta perspectiva, la sacralización del proyecto de la Ilustración es completamente inmadura. El comunismo, con su trasfondo internacionalista, también surgió de un plan para «salvar a China». Pero la revolución continua del proletariado no sólo condujo a luchas internas en la política china, sino que también llevó a la economía nacional al borde del colapso.

Por esta razón, enfatizar la cuestión de Kang Youwei involucra no sólo el punto de vista y la sabiduría de la filosofía política confuciana, sino también la promesa y el desafío de la filosofía política confuciana. De hecho, todos los que trabajaron en este frente en la era moderna, incluidos los reformistas, los constitucionalistas, incluso aquellos que abogaban por «el aprendizaje chino para los principios fundamentales y el aprendizaje occidental para la aplicación práctica», todos eran parte del mundo del pensamiento confuciano, y al hacer sus demandas y propuestas lo hicieron desde el punto de vista de la agencia china. Volver a Kang Youwei significa volver a los problemas que enfrentó Kang, volver a esta genealogía intelectual, estas demandas y propuestas, y sobre esta base construir una estructura narrativa de la política china moderna y contemporánea. Esto requiere primero un nuevo arreglo institucional. Como punto de partida político y legal para una transición que se aleje del imperio, el edicto de abdicación 溥仪 (1906-1967) del último emperador Qing Puyi hizo la solemne promesa de transferir el poder a la «república de cinco personas 五族共和». Como institución, la República, en comparación con las instituciones imperiales del estado-familia, encarnaba las nociones de lo público, lo común y la armonía de manera diferente. «Público» significaba «el mundo pertenece a todos (天下为公)» y soberanía popular; «común» significaba objetivos comunes y participación de las masas; «armonía» evocaba virtudes ciudadanas como la moderación, la negociación y el bienestar público. En cierto sentido, estos conceptos están en armonía con los valores y principios de la filosofía política confuciana. Esto se ilustra con el dicho del *Libro de los Ritos* que dice que «Cuando se siguió el Gran Camino, un espíritu público y común gobernaba todo bajo el cielo», así como con expresiones concretas del compromiso confuciano con los valores de «igualdad, riqueza, paz y armonía». Si decimos que la principal expresión de la construcción del Estado es un arreglo institucional, entonces también podemos entender que la construcción de la nación tiene aspectos sociales, culturales y psicológicos, y un sentido de identidad y de pertenencia a este Estado. Debido a su naturaleza, función y origen, la nación posee un carácter particular y no puede reducirse a la política o la ley; requiere una discusión aparte. Esto requiere un esfuerzo sistemático de la sociedad para crear un sentido de identidad con el Estado. La propuesta confuciana de crear una religión estatal debe entenderse en este sentido.

En segundo lugar, volver a Kang Youwei significa volver a la manera de pensar de Kang Youwei. El pensamiento de Kang se basa en la doctrina del término medio y en el análisis racional. Esto significaba prestar la misma atención a la preservación del Estado y a la realización de la justicia institucional, equilibrando los derechos individuales y la identidad nacional. Esto significaba no olvidar la intención original (不忘初衷) de autofortalecimiento, que era mantener las fronteras y las estructuras étnicas de la dinastía Qing, no de la dinastía Ming. En suma, equilibrar el Estado y las instituciones, la realidad y los ideales, mantener una política y una ley unitarias, y unas relaciones culturales y religiosas plurales. Kang tenía clara la naturaleza de la situación de China: las potencias extranjeras estaban atacando, un grupo étnico minoritario estaba en el poder, el territorio era extenso y la situación étnica compleja. Esto significaba que la transición sería peligrosa y que el único camino posible sería la reforma gradual y no la experimentación utópica. El justo medio de Kang Youwei y su enfoque racional implicaban permanecer fieles a las intenciones originales y respetar la realidad, valorar los resultados y no rendirse a principios o lógicas perversas.

El objetivo de la construcción del Estado y la construcción de la nación era efectuar la transformación moderna del imperio, pero las instituciones nacionales y las estructuras sociales resultantes tenían que ser apropiadas, capaces de garantizar su supervivencia en el mundo de competencia internacional despiadado, al tiempo que creaban riqueza para los ciudadanos mediante la gestión de la sociedad. En este contexto, la preservación de la nación y del sustento del pueblo tiene prioridad histórica sobre los derechos individuales, la democracia constitucional, la libertad de creencias y otros valores apreciados por el proyecto de la Ilustración. Por razones de secuencia, no se podía dar prioridad al individuo; la filosofía de la lucha y los anhelos utópicos también deberían haber sido rechazados. En otras palabras, desde el principio no debimos haber puesto en primer plano la «modernidad» en nuestro proyecto de construcción del Estado y de la nación. El objetivo original debería haber sido "proteger al país, proteger a la raza y proteger la fe 保国保种保教». El proyecto de la Ilustración y la narrativa utópica sólo se debieron elegir si eran medios eficaces de salvación; nunca debimos permitir que la teoría se tragara los hechos o que los medios se convirtieran en fines, pero lamentablemente esa es precisamente la fuente de los mayores problemas de hoy.

El modo de pensar de Kang Youwei se puede encontrar en este pasaje: «El camino del Estado es primero evitar el caos y luego buscar un gobierno adecuado... El mejor plan para China hoy es rectificar la ley y el orden social, llevar a cabo las leyes y directivas, restaurar el orden y mantener las fronteras. La clave de todo es evitar la violencia y el caos para tranquilizarse en las ocupaciones». No hay nada brillante en esto, pero la razón por la que se llama a la izquierda y la derecha «anticuadas» y «heterodoxas» es básicamente porque lo han olvidado.

En tercer lugar, volver a Kang Youwei significa trascender a Kang Youwei. En primer lugar, la noción de Kang de que «los derechos del Estado son más importantes que los derechos del pueblo» tenía sentido en su momento o como un medio para el siguiente objetivo, y hoy todavía debemos conceder cierta importancia a los intereses del Estado, pero es necesario establecer el concepto de soberanía popular. Especialmente en términos de política interna china, la relación lógica de «los derechos del pueblo son superiores a los derechos del Estado» debe quedar clara. La eficacia del poder gobernante debe estar garantizada siempre, pero el principio de la soberanía popular nunca debe quedar eclipsado. Dado que hoy ya hemos logrado importantes avances en el camino hacia la industrialización y la urbanización, las cuestiones de «civilización, igualdad, libertad y autosuficiencia», que durante mucho tiempo se han desatendido, ahora pueden y deben mejorarse. El objetivo más urgente del sueño chino es asegurar una vida feliz para el pueblo, lo que significa sentirse a gusto y disfrutar de la realización material, lo que significa que la autoexpresión individual y la participación política también deben ser parte de la ecuación. En consecuencia, las propuestas para convertir el confucianismo en la religión nacional también deben ajustarse para admitir la importancia de la religión civil 公民宗教, a fin de crear mejores valores republicanos comu-

41

nes y contribuir a la cohesión nacional. Kang Youwei comprendió la importancia de la homogeneidad cultural en el republicanismo, así como el importante papel y función del confucianismo en este proceso. Pero si esto debe lograrse mediante una religión nacional es algo que debe discutirse. Cuando la República sustituyó a la monarquía por su constitución, esto significó naturalmente que el estatus de los ciudadanos ascendió a lo más alto y que, además de la política y el derecho, la cuestión de la homogeneidad cultural debía examinarse en el contexto y los principios de la política y el derecho modernos. La religión civil puede ser una alternativa más apropiada. En la sociedad tradicional china, el pueblo chino llegó a una homogeneidad en términos de cultura y ciudadanía a través de *la jiaohua confuciana*. En segundo lugar, el confucianismo llegó a desempeñar un papel importante en términos de valores políticos básicos y cohesión social. Dados los cambios a lo largo de los años, el confucianismo tendrá dificultades para lograr el mismo apoyo y fundamento, y necesitará ser actualizado. En términos concretos, esto significa hacer uso de los principios y estructuras políticas modernas para guiar a la comunidad política, actualmente unida por relaciones de intereses ambiguas, hacia una relación con fundamentos jurídicos y económicos más claros, que reducirá la tensión entre la estructura actual de la política nacional, el estatus de ciudadanía y el confucianismo, así como para mantener la función positiva del confucianismo en términos de identidad nacional y cohesión social. La idea de la religión civil es transformar el sistema confuciano de su carácter político e histórico a un carácter social contemporáneo, permitiéndole competir libremente y lograr su propia posición e influencia en el «mercado cultural».

En cuarto lugar, esto es realmente posible. En el discurso de izquierda, el Estado es de hecho el partido, porque se basa en la teoría de clases. En efecto, desde la perspectiva del desarrollo histórico, tanto el PCCh como el GMD fueron fundados con la intención original de salvar al país, y por esta razón no pueden ser entendidos de la misma manera que en las teorías occidentales de partidos políticos: no pueden ser confundidos con partidos políticos que apuntan a ganar poder político a través de su organización y actividades, especialmente en el contexto de elecciones y representación, donde su objetivo es representar las demandas de intereses especiales. Para la derecha, el «Estado» es en realidad la sociedad (la sociedad que representa las actividades del pueblo). De hecho, el desafío que enfrenta el pueblo chino, o el problema que necesita resolver, es cómo mantener las fronteras, la soberanía y el pueblo (人民) existentes de China frente a la presión de las potencias occidentales, y la cuestión relacionada con la búsqueda de un gobierno que lleve al pueblo chino a la riqueza y el poder. En la búsqueda para satisfacer esta demanda básica, se han planteado preguntas sobre la justicia del sistema. Desde un punto de vista del desarrollo, la justicia sigue al logro de la riqueza y el poder. Sin embargo, cuando las cuestiones de justicia se vuelven importantes, saltan a la cabeza de la lista independientemente de las cuestiones de lógica. Esto lleva a menudo a los liberales no sólo a separar ambas ideas, sino a pensar que son antagónicas. Es en esta oposición a la derecha donde la teoría del partido-Estado de la izquierda encuentra su base de legitimidad. Desde un punto de vista confuciano, la búsqueda de un equilibrio entre ambas es el justo medio y el camino correcto.

Reemplazar «individuo» y «clase» por «estado» y «pueblo» es la característica básica del discurso ideológico de la nueva generación cuyo objetivo es el sueño chino. Esto es un regreso a la cuestión central de la era moderna, un regreso a las ideas confucianas y una nueva comprensión de la intención original del PCCh al fundar el partido para «salvar a China». Proponer un regreso a Kang Youwei en este contexto no solo tiene un significado teórico, sino que también posee una importancia práctica igualmente relevante.

3

Trascender a la Izquierda y a la Derecha

- Por Chen Ming[12]

En el pasado, las nociones de izquierda y derecha tenían connotaciones políticas e incluso morales muy fuertes. Hoy las cosas son algo diferentes. El mundo actual es complejo y ningún sistema de pensamiento por sí solo puede describir las cosas con claridad, ni mucho menos explicar los problemas de manera profunda. Entonces, por medio de los términos *izquierda* y *derecha* nos referimos a diferentes opciones de temas y formas de resolver problemas cuando enfrentamos el mundo. Hemos evolucionado a partir de una sociedad unificada y hay un todo proceso involucrado destinado a acostumbrarnos a nuestras divisiones y pluralidad actuales. Dado que la sociedad es un rompecabezas pluralista, el pensamiento también debe expresarse como piezas de diferentes formas y colores, cortadas en diferentes formas para reflejar una imagen del mundo.

Creo que desde la perspectiva de la estructura general, y para nuestro país y nuestro pueblo, la existencia de puntos de vista diferentes es necesaria y positiva, y debe verse como parte de la nueva

---

[12]**NdE**: Traducción de la versión en inglés de «Transcend Left and Right» de Chen Ming, traducido al ingles por David Ownby, disponible en `https://www.readingthechinadream.com/chen-ming-transcend-left-and-right.html`.

situación.

Vamos a ir al grano. Todo el mundo está bastante familiarizado con el *confucianismo* como sistema de pensamiento. Pero en el ámbito del pensamiento contemporáneo, ¿qué es *un punto de vista intelectual confuciano, una metodología intelectual confuciana,* cuáles son sus puntos de vista sobre las cuestiones modernas? Esto está menos claro. Tang Wenming[13] dijo una vez que sentía que todos tenían que ser de izquierda o de derecha, pero que no tenía claro quién era de una o de otra. Siento que los confucianistas son algo diferentes de los pensadores de izquierda y de derecha, primero porque el confucianismo no nació como una teoría política y no refleja directamente una forma de discurso político, y segundo, porque en realidad no aborda cuestiones políticas modernas. Así, en los debates políticos actuales, el confucianismo es —ante todo— una pantalla u orden cognitivo aplicado a diversos puntos de vista y, por tanto, puede parecer de izquierda o de derecha, o también ni lo uno ni lo otro.

Sin embargo, detrás de todo esto, o tal vez desde un punto de vista metodológico o en una declaración de valores o en cualquier discusión básica, *el confucianismo es de hecho su propio sistema y, por lo tanto, es completamente diferente de la izquierda y la derecha.* Hay razones tanto históricas como actuales para ello. Por ejemplo, la modernidad es un ataque que vino desde fuera de China, y en los cambios provocados por la modernidad, el confucianismo fue esencialmente parte del mosaico social, manteniendo una postura de moderación. No fue como el Partido Nacionalista (GMD) o el Partido Comunista (PCC) que, por diversas razones, establecieron sus propios partidos políticos; el confucianismo articuló sus propios objetivos o argumentos políticos. Ahora que China se suma al proceso de globalización y la economía avanza hasta cierto nivel, los sistemas de pensamiento de izquierda y derecha han encontrado ciertas dificultades, y desde que el *Papá* Xi 习大大 anunció su intención de proceder a una recalibración de ideología, podemos y debemos ver ciertas cuestiones con mayor claridad.

---

[13]También orador en esta conferencia.

China necesita modernizarse, pero su camino hacia la modernización debería ser diferente al de otros. La construcción de un Estado moderno por parte de China, que requiere una transformación de un imperio tradicional a la forma de un Estado moderno, es un problema, pero la resolución de este problema requiere una nueva forma de pensar. No podemos mantener los modelos pasados, ni podemos dividir el llamado Estado-nación en dos modos de construcción nacional, uno basado en la clase y otro basado en los ciudadanos. Lo que claramente necesitamos ahora es elegir ese gran resurgimiento de la nación china como solución e imaginar experimentos para explorar este enfoque. Ésta es una cuestión de la historia moderna y, de hecho, es la cuestión principal de la historia moderna. Las discusiones actuales sobre el confucianismo, o más bien el hecho de que los confucianos están empezando a hablar, deben verse como que *los confucianos han recuperado su voz perdida* en la historia moderna, lo que es una corrección de las corrientes extremas de pensamiento que existen desde el período del 4 de mayo.

La cuestión de la singularidad de China, de sus características nacionales únicas, debe abordarse con la ayuda de los sistemas de valores y la metodología confucianos. Sólo así se encontrará una solución fiable, mientras que copiar sin pensar los modelos de la izquierda occidental o de la derecha occidental puede muy bien dar lugar a errores que nos impidan llegar a donde queremos.

Aquí me propongo realizar un experimento y, basándome en los cambios que el partido gobernante ha realizado en la política de reforma y apertura, y especialmente en los ajustes ideológicos, haré una interpretación confuciana o un ejercicio de imaginación, creando una lectura confuciana del «sueño chino», haciendo referencia a la historia en todo momento.

Algunas personas dicen que el *Sueño Chino* es el *sueño de la mariposa* de Zhuangzi o el *libro de interpretación de sueños* del Duque de Zhou. Este tipo de tonterías ilustra que muchas personas, incluidas aquellas involucradas en la cultura tradicional, en realidad no entienden o incluso rechazan la noción. Sin embargo, en el contexto de las exploraciones y cambios ideológicos del partido gobernante, como la suspensión del marxismo por parte de Deng Xiaoping a través de su teoría del período inicial del desarrollo socialista, los tres principios[14] y el desarrollo de la teoría de la ciencia, podemos ver que el *Sueño Chino* es en realidad un importante punto de inflexión, que indica que el pensamiento rector dominante del PCC *se está alejando del movimiento comunista internacional* y acercándose a la resolución de los problemas actuales de China. En otras palabras, *se está alejando de la búsqueda de ideales universales, especulativos y utópicos, y acercándose a la realización de aquellos cambios que satisfarán las necesidades internas del pueblo chino*. Una vez cumplida esta condición previa, se puede lograr la evolución exitosa de un partido político revolucionario o de clase hacia un partido gobernante, un partido de todo el pueblo. Ésta es la condición previa básica que permite a Xi Jinping acercarse al confucianismo y, por supuesto, también la que nos permite elaborar nuestra interpretación del Sueño Chino desde un punto de vista confuciano.

¿Cuál es la posición confuciana? Los confucianos tienen una comprensión básica del mundo, que es que adoran al *cielo* como algo que existe al más alto nivel. Este cielo tiene fuerza vital y voluntad, además de valor. Este cielo no es lo mismo que el cielo taoísta donde «el cielo y la tierra no son *ren* 仁[15]: tratan las cosas del mundo como perros de paja». Los confucianos creen que «el gran atributo del cielo y de la tierra es dar y mantener la vida» 天地之大德曰生. El concepto de ren o corazón humano que está en el centro del confucianismo se refiere al corazón vivo de este cielo. Cuando se aplica a la filosofía política, se concede el mayor valor al desarrollo y la seguridad de la vida, o para usar las palabras del Zhongyong 中庸, significa realizarse uno mismo y crear cosas, o «ayudar a todos los que están bajo el cielo a realizar sus vidas» 与天下共遂其生.

Aristóteles consideraba la felicidad como el mayor bien. *Felicidad* significa que la vida y el sustento deben ser pacíficos y deben evolucionar o, en una palabra, deben florecer[16]. Esto significa que

---

[14]Las «Tres Representaciones» de Jiang Zemin.

[15]Corazón humano.

[16]*flourish*, en inglés en el original.

todos viven bien, todo está bien en la naturaleza, todos coexisten y prosperan. Encontramos este tipo de ideal político en todos los tiempos y lugares. El reino político más elevado de Confucio, el del sabio, prometía distribuir ampliamente los beneficios, lo que significaba que el sabio se cultivaba para llevar la paz al pueblo. Esto puede conciliarse con los principios políticos modernos, con el «del pueblo, por el pueblo y para el pueblo» de Lincoln y los *Tres Principios del Pueblo*: nacionalismo, democracia y sustento del pueblo.

Algunas personas denuncian el ideal confuciano del estado familiar 家国 y argumentan que los confucianos no pueden abordar la cuestión de la coexistencia con extraños[17], y argumentan además, por esta razón, que el confucianismo no es suficientemente universal. De hecho, estos detractores pasan por alto el hecho de que el Estado familiar confuciano es parte de *la tianxia* 天下[18]. Hay gradaciones de amor 爱有差等 y, en términos de experiencia, uno comienza con la propia familia. La idea de «reunir a todas las naciones en paz» 协和万邦 es una idea importante que muchos de nosotros enfrentamos en la práctica de la vida, pero su posición lógica es secundaria[19]. Además, la idea de «gradaciones del amor» no es una ciencia exacta, lo que significa que no existe necesariamente una contradicción entre ambas ni un conflicto con la universalidad. Mi maestro, Yu Dunkang 余敦康 (n. 1930), así como Li Zehou 李泽厚 (n. 1930) y los eruditos occidentales con los que me he topado reconocen que la armonía es un valor. No sólo es universal, sino que es un valor mucho más básico que cosas como la libertad. Lo que quiero agregar es que este tipo de armonía se sustenta en creencias en el camino hacia el cielo expresadas en términos neoconfucianos como «benevolencia generación tras generación» 生生为仁. Al observar el *Sueño Chino* desde la perspectiva de esta fe y la de la filosofía política, siento que hay tres niveles de significado a los que debemos prestar atención. La primera es *trascender a izquierdas y derechas* para regresar a nuestra tierra natal; el segundo es *fusionar las tres tradi-*

---

[17]La diversidad o el pluralismo.

[18]La noción tradicional china de *universalismo*.

[19]El amor comienza en la familia y el amor universal sólo llega más tarde.

ciones para reconstruir la unidad histórica; y el tercero es *renovar el partido-Estado*, elevando la versión 1.0 original del partido-Estado, construido según líneas de clase, a través de la teoría del nacionalismo, versión 2.0, de modo que la dirección del camino del gran renacimiento de la nación china debe ser claro, dinámico y seguro.

Trascender la izquierda y la derecha: romper con las dos metanarrativas del discurso revolucionario del 4 de mayo y la solución de la Ilustración

Hablemos primero de trascender la izquierda y la derecha.

Cuando me refiero aquí a izquierda y derecha, me refiero a un conjunto de filosofías históricas y propuestas políticas institucionales que podríamos denominar, respectivamente, discurso revolucionario y solución de la Ilustración. El discurso revolucionario se ha practicado durante muchas décadas. También en China ya ha tenido su momento de éxito, ¿y cuáles han sido los resultados? Creo que los resultados no han sido tan buenos. Antes de 1949, la facción internacional dentro del PCC, debido a su dogmatismo, no pudo encajar y fue derrocada por la facción nativista. Más tarde, la práctica de la Revolución Cultural de la revolución permanente bajo la dictadura del proletariado llevó la economía nacional al borde del colapso. Antes de 1949, Mao tenía, de hecho, una visión nativista, ya sea en términos de valores o de conocimientos, con lo que quiero decir que eligió el socialismo para salvar a China y no para obedecer el gran plan de ningún movimiento internacional. Sin embargo, después de 1949, y particularmente después de las reformas de Khrushchev, Mao aparentemente sintió que él mismo podría convertirse en el líder de un movimiento internacional, y entonces fue más allá o traicionó esta orientación nativista y la postura nacionalista anterior, y adoptó el leninismo o incluso el estalinismo, y sobre esta base exaltada desarrolló *su llamada teoría de la revolución permanente bajo la dictadura del proletariado.* Ésta es la naturaleza y el origen de lo que podríamos llamar sus errores de vejez. De hecho, fueron las teorías de los oponentes de Mao, Liu Shaoqi 刘少奇 (1898-1969) y Deng Xiaoping 邓小平 (1904-1997), sobre la supresión de la lucha de clases y el período inicial del desarrollo socialista, las que representaron la comprensión correcta de los problemas de China y la forma correcta de pensar en una solución a estos problemas. Más tarde, fue precisamente bajo el liderazgo de lo que llegamos a llamar teoría de Deng Xiaoping que pasamos de un enfoque en la lucha de clases a un enfoque en el desarrollo económico, y las políticas de reforma y apertura finalmente salvaron el día para el país y para el partido de gobierno.

En China aún no hemos recorrido el camino de la Ilustración y, precisamente porque no ha habido una práctica sistemática, su halo teórico sigue poseyendo un gran poder romántico. Pero las situaciones actuales en Filipinas y la India, así como los cambios que ha experimentado Rusia, o incluso los altibajos de Taiwán, deberían llevarnos a pensar si la institución y las decisiones asociadas con la Ilustración han sido un éxito. Cuando reflexionamos sobre la elección de una institución, ¿es para establecer un determinado valor o es para obtener una vida mejor? Cuando pensamos en la organización o función de una institución, ¿nos preguntamos si existen obstáculos o condiciones? Cuando pensamos en la mejor teoría, ¿significa esto los mejores resultados? ¿Cuáles son los obstáculos y condiciones de nuestro país y sociedad en los que deberíamos pensar? En la lista de problemas de China, ¿cuáles son los que merecen atención inmediata? ¿Cómo mantenemos un equilibrio? ¿Son correctos y eficaces los remedios y soluciones que ofrece la izquierda?

Siento que hay algo fuera de lugar en esta línea de investigación. En los tiempos modernos, los principales problemas de China han sido la salvación nacional, la búsqueda nacional de riqueza y poder, la salvación de la nación, la raza y la religión. Si bien no podemos negar que la teoría del contrato y el individualismo tienen un significado muy positivo en la práctica como una especie de teoría crítica[20], su carácter ficticio y su naturaleza ahistórica[21] significan que su utilidad en la práctica y la teoría merecen un escrutinio. Los liberales chinos aparentan no haber prestado a esta cuestión la atención que merece y parecen algo impacientes, o incluso arrogantes. Da la casualidad de que recientemente hubo un vídeo que fue muy popular en la web, en el que Eric Li ridiculizaba las metanarrativas tanto de la izquierda como de la derecha. La izquierda y la derecha prepararon su pólvora pero finalmente ninguno dijo nada, e incluso los grandes medios de comunicación parecen haber apreciado el clip. En mi opinión, el verdadero valor práctico del vídeo está en su análisis de la narrativa del comunismo utópico, porque la narrativa de la Ilustración de derecha no se ha integrado con el poder político en China para tomar la forma de instituciones y políticas. Así pues, en gran medida, el proyecto de la Ilustración en China existe sólo en un plano espiritual. Si aquellos en cuestión entendieron el video de Li y aun así reaccionaron de esta manera, ¿eso significa que en el fondo de su corazón están verdaderamente iluminados?[22].

Se trata de reflexionar y hacer balance.

Lo que quiero decir es que el discurso revolucionario y el proyecto de la Ilustración ocurrieron durante el 4 de Mayo y el movimiento *Nueva Cultura*. En cuanto a la derecha, conocemos la teoría de Li Zehou sobre cómo interactuaron la Ilustración y la salvación nacional. Lo que dice es que en los tiempos modernos, la salvación nacional ha suprimido la Ilustración, de modo que el plan histórico plasmado en el proyecto de la Ilustración ha sido constantemente atacado e interferido, obstaculizando su pleno desarrollo. En los años 1980, dijo que teníamos que ponernos al día, a través de una nueva democracia, a través del crecimiento de la burguesía, en otras palabras, a través del proyecto de la Ilustración. En la década de 1980, Xu Jilin 许纪霖 (n. 1957) y Wang Yuanhua 王元化 (1920-2009) lanzaron un movimiento intelectual de la «Nueva Ilustración» en Shanghai, con el objetivo de renovar la Ilustración o recuperar el

---

[20]Un espejo para la autorreflexión.

[21]En el contexto chino.

[22]Si no dijeron nada, tal vez signifique que saben que están equivocados.

terreno perdido. Todo esto se basa en la teoría de las cinco etapas de la filosofía histórica, o en otras palabras, una especie de determinismo unilineal con Occidente en el centro de la historia, todo lo cual incluye una teleología y un conjunto de leyes históricas. La teleología conduce al establecimiento de un reino racional, y las leyes estipulan que se pasa de la civilización agrícola a la civilización industrial, que en realidad es el capitalismo y la burguesía y todo lo demás. Ésta es la teoría de la derecha. El materialismo histórico de la izquierda es aún más claro: los cañonazos de la Revolución de Octubre nos enviaron el marxismo-leninismo. La base teórica y organizativa del PCC, la rama china del Komintern, era precisamente ésta. Según la teoría marxista-leninista, su objetivo es emancipar a toda la humanidad y, en términos de estrategia, la idea era emancipar primero a la humanidad y luego emanciparse a sí mismo[23]. Sin embargo, debido a que el *4 de Mayo* importó estas dos metanarrativas, y nuevamente porque estas dos narrativas fueron incorporadas a cierto poder político, terminaron fortaleciéndose y confirmándose como verdaderas. Y como resultado de este proceso, el *4 de Mayo* se convirtió en el comienzo del nuevo siglo y el punto de encuentro de la política y la cultura. Lo que cabe señalar es que este punto de partida ha sido arrancado arbitrariamente de la historia que lo precedió, y en términos de salvación nacional, que es el tema principal de la historia china moderna, «el 4 de Mayo como origen» es una reinterpretación, una distorsión y un encubrimiento. Aunque por las buenas o por las malas esta noción nos haya apuntalado a lo largo del siglo XX, dada la madurez de nuestro pensamiento y sociedad actuales, no podemos dejar de reflexionar y hacer balance de nuestras ideas sobre este punto.

La razón por la que el *4 de Mayo* fue *el 4 de Mayo* fue por la oposición de la *Nueva Juventud* a las «veintiún demandas», que tomó la ilustración moral como la ilustración suprema y atribuyó el atraso y la debilidad de la China moderna a una cultura atrasada. Las «veintiuna demandas» se produjeron porque China no pudo

---

[23]El PCC original no estaba en sintonía con las necesidades de China y era sólo un engranaje en la rueda del movimiento comunista internacional.

asegurar la devolución de los intereses alemanes en Qingdao, Shandong, que en cambio fueron entregados a Japón. Esto es parte de la dolorosa historia moderna de China, parte de la cuestión central de la salvación nacional. Por lo tanto, no importa cómo se mire, el *4 de Mayo* debe verse como una parte organizada del moderno movimiento de salvación nacional. Sin embargo, debido a la importancia de las narrativas de la izquierda y la derecha, y al éxito de estas narrativas en el control del pensamiento y la política, se ha reescrito toda la descripción del *4 de Mayo*, en el transcurso del cual el problema de China ya no fue cómo buscar riqueza y poder para lograr la salvación nacional, sino más bien cómo establecer un sistema moderno, ya sea capitalista o socialista, el tipo de sistema que permitiría el establecimiento de una sociedad racional, una utopía. En otras palabras, a través de estas dos grandes narrativas, el hijo se tragó a la madre y 5.000 años de historia quedaron negados. Los esfuerzos históricos de grandes confucianos como Zeng Guofan 曾国藩 (1811-1872), Zhang Zhidong 张之洞 (1837-1909) y Kang Youwei 康有为 (1858-1927) fueron borrados en un acto de parricidio y matricidio, lo que resulta en la eliminación de nuestros antepasados. Precisamente de esta manera, el *4 de Mayo* se convirtió en la tablilla ancestral común tanto de la izquierda como de la derecha, pero también fue su talón de Aquiles común.

Cuando digo que el «sueño chino» de Xi Jinping trasciende a izquierdas y derechas es porque toma la historia moderna y el gran renacimiento de la nación china como base de su reflexión teórica y objetivo de su búsqueda política. Pero si bien su objetivo es construir cosas, esto implica también una cierta destrucción.

¿Qué se va a destruir? Las dos metanarrativas establecidas por el *4 de Mayo*. La salvación nacional es la voluntad de un pueblo de sobrevivir en tiempos de crisis y la expresión de su deseo. La salvación y la reconstrucción nacionales son dos caras de una misma moneda. Ahora las autoridades han puesto «riqueza y poder» a la cabeza de la lista de valores fundamentales, que es donde encontramos el significado más profundo. Por eso digo que el primer significado teórico del *Sueño Chino* es que trasciende a izquierdas y derechas y devuelve las cosas al contexto de la historia moderna de China, a nuestra mentalidad y preocupaciones nativas. En el contexto de la salvación nacional, las relaciones entre China y Occidente son relaciones de competencia y rivalidad basadas en cuestiones políticas, económicas y militares entre naciones y pueblos. Sin embargo, el discurso revolucionario y el plan de la Ilustración las transforman en relaciones culturales y de clase, y disuelven las contradicciones y tensiones ya existentes, lo que claramente es absurdo. Peor aún es que la forma en que resuelven el problema se convierte en una autonegación y una identificación con la verdad universal.

Éste es el punto clave que hoy debemos sacar a la luz. El objetivo básico de revelar y aclarar este punto clave es negar y descartar tanto las ideologías de izquierda como de derecha y sus metanarrativas, para salir de la cueva y regresar a nuestro verdadero mundo de vida.

¿Cómo logramos esta trascendencia? Para no caer en abstracciones, el concepto central en la narrativa izquierdista es la *clase*, y en la ideología derechista es el *individuo*. Dejemos las clases de lado por el momento. En cuanto a la existencia de los individuos, todos sabemos que existimos como individuos, y las necesidades y deseos individuales seguramente poseen cierta racionalidad. Pero en el caso de China, la salvación nacional requiere que construyamos una nación soberana que pueda entrar en el mundo moderno, que pueda participar en los juegos de la política internacional, porque en el mundo de hoy son los Estados-nación los que compiten y son juzgados por sus criterios y su competitividad. El movimiento colonialista y la Primera Guerra Mundial nos impusieron el mundo de la selva y sus reglas, por lo que el primer objetivo de la construcción de este Estado-nación soberano es que pueda establecerse en el mundo de la selva, lo que significa una respuesta efectiva a la fuerza, y no, como insisten la izquierda y la derecha de hoy, para resolver problemas insignificantes de autonomía social o libertad individual, de relaciones laborales o de realización del comunismo... Estos son extras, artículos de lujo que podemos usar para movilizar a la gente, pero nuestro objetivo es la salvación nacional, la preservación de la raza, la nación y la cultura, ¡a esto es a lo que debemos prestar atención! Así que esto no puede producir algo como el Pacto May-flower, que para los nativos americanos debe haber parecido mucho más un pacto entre ladrones para dividir el botín[24]... Todo esto fue producido por diferencias históricas; nuestro destino no es nuestra elección. Si admitimos estas diferencias, entonces no podemos imaginar que partiremos de la posición del individuo o de la clase y seguiremos el modelo de otra persona para establecer nuestro sistema. Ya hemos pagado un precio demasiado alto por el modelo soviético; No podemos caer dos veces en la misma zanja. Éste es un punto importante.

Si evita la clase y no elige al individuo, entonces ¿qué concepto utiliza el Papá Xi para trascender la izquierda y la derecha y establecer la base teórica y el apoyo práctico de su programa político? La nación china. El contenido del «Sueño Chino» es el gran resurgimiento de la nación china, y esto es precisamente lo que la historia moderna de la salvación nacional nos ha legado como nuestro despertar intelectual, logro teórico y herencia política más preciados. Frente a las potencias occidentales, el pueblo chino que vive en este territorio comparte un destino emocional común, así como la idea de unidad política. Esto requiere que trascendamos identidades étnicas como manchú, mongol, musulmana, tibetana y han; requiere que trascendamos la forma institucional del gran imperio Qing[25]. Trae consigo la búsqueda y la posibilidad de la noción de construcción de un país que sea a la vez moderno y *nacional*[26]. Porque el pueblo chino es una nación, y la nación es ante todo un concepto político. Zhao Guangming, que está aquí hoy, es musulmán, mientras que yo soy han, y puede que haya otros grupos étnicos presentes. Aquí, *pueblo* 民族 es un concepto étnico, pero juntos formamos una nación, que es la nación china, y sobre la base de esa naturaleza política y jurídica obtenemos un nuevo tipo de identidad. Creo que este es un problema importante en la historia moderna. Estoy subrayando

---

[24]Un conjunto de ideas impuestas desde afuera que no consideran las necesidades de los «nativos».

[25]Presumiblemente, Chen quiere decir que los pueblos fronterizos tienen que estar genuinamente integrados en la República Popular China.

[26]Su singularidad nacional no se pierde en su modernidad.

este punto, que necesitamos regresar a la historia moderna, regresar a nuestra tierra natal. ¿De dónde volvemos? De los viejos y heterodoxos caminos de izquierda y derecha, probablemente deberíamos llamarlos a ambos «caminos bifurcados». Sólo el *Sueño Chino* es un camino verdadero y recto. He escrito algunas cosas, y si estás interesado puedes leer mi blog... puedo comunicarme contigo a través de ese canal. Por supuesto, si quieres comprar mi libro, *Confucianismo y sociedad civil*, todavía mejor. Ya he dicho suficiente sobre esto. La discusión es mucho más importante que dejar a una persona sola parloteando.

Unificar las tres tradiciones: afirmar plenamente las posiciones de los Qing y la República en la genealogía política de China para reconstruir nuestra historia

El segundo punto es unificar las tres tradiciones para reconstruir la historia. ¿Qué significa «unificar las tres tradiciones» 通三统? La palabra *tradición* 统 originalmente se refería al calendario promulgado por el primer emperador de una dinastía, una forma de marcar el comienzo de un nuevo período de tiempo. Las tres tradiciones significaban los calendarios de las dinastías Xia, Shang y Zhou. Las revueltas Tang y Wu 汤武革命[27] suelen verse como nuevas dinastías que reemplazan a las antiguas de una manera que complació al cielo y al pueblo. Pero en el discurso confuciano más amplio, Yao 尧, Shun 舜, Yu 禹, Tang 汤, Wen 文 y Wu 武 son, todos, parte de una «tradición»; están unidos y unificados con el cielo. El significado de «unificar las tres tradiciones» es que, si bien el reemplazo de Jie 桀 por parte de Tang y la derrota de Zhou 纣 por parte del rey Wu fueron cambios de mandato, estos cambios se llevaron a cabo de acuerdo con el camino del cielo, siguiendo los principios y el ritmo del mandato del cielo. Cualquier antagonismo

---

[27]Que derrocaron a las dinastías Xia y Shang, respectivamente

político está determinado por las complejidades de la experiencia y la historia, pero el poder político en sí pertenece realmente al cielo y, por tanto, tiene una existencia holística que requiere cierto apoyo y expresión. La unificación de las tres tradiciones pretende encarnar esto. Básicamente pretende expresar dos significados: uno es que un poder político recién construido debe ser de alguna manera diferente de la dinastía que está reemplazando, mientras que al mismo tiempo también debe haber cierta superposición, lo que evidencia el flujo y la continuidad de la dinastía, el camino del cielo; La segunda es que los nuevos gobernantes deben tratar bien a los antiguos, basándose en el principio de que «el mundo no pertenece a una sola familia». El punto más importante es enfatizar el respeto absoluto por el camino al cielo y buscar fundamentar la propia legitimidad política sobre la base de ese respeto.

El uso de la idea del confucianismo Gongyang 儒家公羊学 de unificar las tres tradiciones para discutir el *Sueño Chino* de Xi Jinping se basa principalmente en esta última consideración. El *sueño chino* de Xi Jinping se basa en la historia moderna de China y toma a la nación china como punto de partida teórico. El concepto de nación china *trasciende al individuo y también trasciende la clase*. Si utilizamos el discurso ideológico de izquierda, entonces los Qing eran una sociedad feudal, dominada por la clase terrateniente; la República era una sociedad capitalista, dominada por la burguesía; el régimen actual es socialista, bajo la dirección de la dictadura del proletariado. Los tres se definen por las contradicciones y la lucha de clases y, por lo tanto, los cambios políticos dentro del período son el resultado de acciones violentas en las que una clase derroca a otra, lo cual es completamente diferente de las explicaciones del cambio de régimen en la filosofía política confuciana. Cuando era joven, durante la *Revolución Cultural*, me gustaba escuchar la radio, y lo que más me impresionó fueron ensayos como los de Chi Heng 池恒 y Liangxiao 梁效, un ejemplo de los cuales sería: «*Como proletarios lograremos una ruptura total con los conceptos de la antigua tradición*». En argumentos como estos, todas las generaciones son antagónicas, lo que significa *ruptura*. No existe ninguna base común. Obviamente *se trata de una especie de nihilismo histórico, una visión nihilista de la historia. En esencia, este es un concepto cristiano; es teleológico, apocalíptico. Este tipo de ideales utópicos, con sus juicios finales, son totalmente teológicos y completamente diferentes de nuestra visión china*[28] de la historia. El utopismo no sirve para los hechos históricos ni para las necesidades actuales, ni es fácil de utilizar, y no es así como hemos pensado a lo largo de los siglos. Porque según la teoría de unificar las tres tradiciones, lo importante es la continuidad política, la legitimidad del camino del cielo. Se basa en discusiones morales reales y en cuestiones de orden y ética. Sun Yat-sen se identificó profundamente con el camino de Yao, Shun, Yu, Tang, Wen, Wu y el duque de Zhou. Mao Zedong también dijo que lo habíamos heredado todo, desde Confucio hasta Sun Yat-sen, pero ni su pensamiento político ni sus políticas reflejaban esto. Por diversas razones, a Mao no le gustaban los confucianos y prefería a los legalistas. Quizás por impaciencia, y porque las ideas utópicas dan a los rebeldes valor histórico, Mao puso patas arriba los valores que se encuentran en las historias habituales, de modo que Yao, Shun, Yu, Wen, Wu, Zhou y Confucio eran todos retrógrados, corruptos y reaccionarios, mientras que Chen Sheng 陈胜 y Wu Guang 吴广, los Cejas Rojas 赤眉 y los Turbantes Amarillos 黄巾, junto con Huang Chao 黄巢, Chuang Wang 闯王 y Hong Xiuquan 洪秀全 se convirtieron en representantes progresistas del futuro. Esto produjo una ruptura histórica total y una negación de valores.

Pero el *Sueño Chino* no es así. Xi Jinping lo ha dejado muy claro: el *Sueño Chino* es la búsqueda común de todos los chinos rectos en la era moderna. La idea misma de *nación china* es inclusiva, no excluyente, y no comienza con la idea de clase. Respetar la continuidad de la historia también construye un holismo histórico, ya que expande la propia base histórica. No sé si las autoridades han entendido este punto, pero creo que se trata de una afirmación de todos los chinos rectos desde finales de la época Qing en adelante, y no una negación desde un punto de vista de clase, que es lo

---

[28]O quizás confuciana o taoísta.

que encontramos en nuestras interpretaciones de obras literarias: *La verdadera historia de Ah Q* 阿Q正传 demostró que la clase terrateniente era mala; *Midnight* 子夜 demostró que la clase burguesa era mala; *Fortress Besieged* 围城 demostró que los intelectuales son malos, tras lo cual el autor sacó a relucir su propio punto de vista. La importancia de esto es grande, tanto en términos de estrategia como de técnica. Si creemos que buscar riqueza y poder y revitalizar a China son las cuestiones clave del período moderno, que debemos llevar adelante, entonces debemos pensar: ¿qué debemos hacer primero en el contexto de la era moderna, en el contexto de la economía internacional? Sin duda, la prioridad es construir un Estado soberano. Las nociones de riqueza y poder, de hecho la noción de China, son conceptos desplegados contra las superpotencias y los invasores, y no tienen relación directa con cuestiones de clase o individuo. La construcción nacional no significa construir edificios altos en terrenos llanos, como en Estados Unidos, sino que para nosotros se trata más bien de la transformación de un imperio, como en el caso del imperio austrohúngaro o el imperio otomano. Esto lo decide nuestra historia.

Como potencia política formada por un pueblo minoritario, el imperio Qing estaba destinado a la debilidad y el declive. El movimiento Taiping y el conflicto con las potencias occidentales llevaron rápidamente el proceso hacia una crisis total, con el resultado de que no se trató sólo de un cambio de poder interno, sino de la desintegración del Estado y la nación. Cómo evitar o superar esta crisis ha sido la cuestión básica de la era moderna. Incluso si no se puede decir que las cuestiones de la liberación individual o de la liberación de clases no existieron en absoluto, eran cuestiones insignificantes que sólo llegarían a ser relevantes después de que se resolviera la cuestión básica. Sólo cuando tengas claro este punto podrás ver dónde estás realmente y hacia dónde necesitas ir realmente. La reducción de la presión externa se convirtió en la precondición funcional que debíamos cumplir para construir el nuevo país que deseábamos. Aquí, obviamente, no se pueden tomar prestadas teorías occidentales como los «contratos» para describir, analizar o criticar la situación.

El surgimiento de la forma del Estado-nación moderno fue en gran medida producto del crecimiento y la maduración internos en todo el mundo. La posición de nuevos estratos sociales aumentó e hizo nuevas demandas, el poder fue redistribuido y el viejo Estado fue reemplazado, pacífica o violentamente. El poder político y los derechos se reorganizaron en términos basados en el poder social comparativo. La nobleza y los plebeyos de Inglaterra, el clero de Francia y el tercer estado... muchas situaciones eran así. Pero el nuestro no lo fue. Ante un desafío externo, lo que había que hacer era llevar a cabo de manera efectiva una movilización social para aliviar la presión externa y luego resolver los problemas internos.

Este se convirtió entonces en el problema de la transformación de un imperio, que constituía el camino a seguir. y el objetivo a perseguir en la resolución del problema. Aquí la organización y la movilización fueron las consideraciones más importantes, para no perder territorio ni ver a nuestro pueblo dividido.

Desde una perspectiva mundial, la transformación de los imperios siempre termina en una división en varios países étnicos. Este fue el caso del imperio austrohúngaro y del imperio otomano. ¿Era así la situación de China? Esto es un problema. Nuestros derechistas sostienen que China debería ser así. Toman al individuo como unidad base y dan prioridad al orden. Cuando aplicamos esta lógica a la historia, la división es completamente natural. Los derechistas también tienden a equiparar las naciones étnicas con las naciones modernas. Aunque esta teoría parece buena, en realidad es bastante absurda. En este punto, la izquierda podría estar un poco mejor, ya que básicamente cree que el país no puede dividirse; la noción de que la clase trabajadora no tiene país es una cosa separada. Como confuciano creo en la gran unidad; la idea de que las fronteras y los territorios no cambien, que las diferentes etnias no se dividan es para mí completamente posible y completamente deseable; ésta es la mayor corrección política para el mantenimiento de la gran nación china. Esto es algo que ninguna teoría o ideología puede cambiar. Una transformación moderna basada en esta comprensión es la única que es consistente con el gran renacimiento de la nación china. China es una nación organizada a partir de 56 grupos étnicos, externamente independiente, internamente floreciente.

En sentido estricto, este territorio fue establecido por los Qing. Algunas personas ven la carta de abdicación del último emperador Qing como un documento constitucional importante, y tienen razón. El establecimiento de una república compuesta por los cinco principales grupos étnicos de China era la esperanza Qing, así como el deseo de la república y, por supuesto, debería ser el ideal de cualquier república. La idea de unificar las tres tradiciones significa afirmar plenamente la posición de los Qing y la República en la genealogía política de China, afirmando plenamente su función en la historia moderna. Sólo así nuestra historia será completa y continua, y sólo así nuestra realidad actual podrá ser completa y armoniosa. Cuando *Papá* Xi toma el concepto de nación china como tema de su narrativa y comienza la historia desde la era moderna, posee precisamente este significado. Este es el primer nivel de significado cuando dije que era necesario unificar las tres tradiciones para reconstruir la integridad histórica. De aquí podemos deducir el segundo nivel de significado: reconocer la reconstrucción de la integridad histórica mediante la unificación de las tres tradiciones aclarará cuáles son nuestros problemas actuales. Son la estructura del Estado y la estructura del pueblo, que es una misión que aún debe completarse. Olvídese de Xinjiang, el Tíbet y Taiwán. En la actualidad, están apareciendo muchos elementos inestables en Hong Kong. Todos estos problemas se remontan a la época Qing y a la era moderna, y pertenecen a la categoría de cuestiones relacionadas con la estructura del Estado y del pueblo. Ésta es una cuestión básica que debemos comprender con firmeza y no permitir la interferencia de ninguna teoría del individuo o de la clase favorecida por la derecha y la izquierda. La derecha siempre parte de la cuestión de los derechos individuales, y los derechos individuales son importantes, estoy de acuerdo, pero no tanto. El espacio para los derechos individuales en el marco institucional actual no ha sido suficientemente explotado, lo que significa que por el momento es meramente una cuestión técnica. La cuestión de las clases es aún más ridícula. Tiene sentido en el contexto de las luchas políticas, si limitamos su uso a la retórica. Cuando es real, es doloroso y puede llevarnos de regreso a la *Revolución Cultural*.

De este modo, unificar las tres tradiciones restaurará la integridad histórica y dejará claro que nuestro problema político radica en trascender la izquierda y la derecha y encontrar una lógica que une todo.

Renovar el Partido-Estado: Pueblo, Nación y Estado como conceptos básicos

De aquí llegamos a la tercera cuestión, la de la renovación del partido-Estado. Si entendemos que nuestro problema es el de la transformación de un imperio, si entendemos que el objetivo de esa transformación es disminuir la presión interna y externa, y que el objetivo de disminuir la presión interna y externa es realizar el gran resurgimiento del imperio-nación chino, entonces, en nuestra interpretación, la evaluación de diversas actividades y fenómenos de la historia moderna debería proporcionar puntos argumentales que podamos seguir. Y dentro de este marco de referencia, el partido-Estado, entendido como sistema de características sistémicas básicas compartidas tanto por el Partido Comunista como por el Partido Nacionalista, es la primera cuestión a abordar.

Partido-Estado significa que el partido está por encima del Estado, que el poder está concentrado en manos de un partido. La derecha parte de la teoría del contrato y utiliza la idea de que «el partido captura el Estado» de la teoría política occidental para negar las críticas. La izquierda parte del leninismo y utiliza la teoría de la dictadura del proletariado para afirmar y elogiar el partido-Estado. De hecho, fundamentalmente, el sistema de partido-Estado del PCC y del GMD estaba completamente determinado por el contexto de la historia moderna china y la salvación nacional, una elección institucional que se hizo con este objetivo en mente. Que un partido eligiera el leninismo fue pura casualidad. Por supuesto, si se utiliza la teoría de izquierda para criticar esto, se perderá por completo el punto principal. Después de fracasar tres veces en la revolución, Sun Yat-sen descubrió que cumplir la misión de salvar el país requeriría una fuerza organizada poderosa. La única manera de avanzar era un cuerpo organizado de elites, dotado de un sentido de idealismo, responsabilidad y espíritu de sacrificio, bajo la dirección de un liderazgo. De hecho, esto tenía un poco de sabor confuciano, de tomar *tianxia* como responsabilidad personal 以天下为己任. El poder tal vez se usó de una manera dictatorial, autoritaria, pero el objetivo del uso del poder era salvar al país y al pueblo. Miremos de nuevo a la China moderna, con crisis que surgen en todos los frentes y el pueblo chino como una capa de arena suelta 一盘散沙. Externamente, China tuvo que luchar por su soberanía e internamente, preservar los derechos del pueblo. ¿Cómo iba a ser esto fácil? Es como intentar hacer un barril con siete trozos de madera largos y ocho cortos; Necesitas fuertes duelas de hierro para unirlo. Así, desde el ángulo del poder organizado, la eficiencia organizativa y los objetivos, podríamos llegar a cierta simpatía y comprensión históricas cuando pensamos en la organización del partido-Estado. En ese momento, el Estado difícilmente era un Estado, y el partido estaba organizado precisamente para salvar al Estado y al pueblo, por lo que la idea de que el partido *capturara* el país es ridícula. ¿Qué país real puede ser capturado por un partido? Por esta razón, no podemos entender el partido en el sentido occidental simplificado de *partido político*. Eso es parte de ello, pero un partido político es la herramienta y la forma mediante la cual diferentes fuerzas sociales y grupos de interés compiten por el poder político en un sistema donde el Estado ya existe y la plataforma política ya ha sido establecida. No se puede hablar plenamente del PCC o del GMD[29] desde esa perspectiva. Fueron un medio de autosalvación elegido por un pueblo maltratado que padecía el colonialismo; Eran partidos para salvar la comunidad, para construir el país. Si tenemos que utilizar el discurso político occidental, ambos eran partidos de todo el pue-

---

[29]Siglas de *Kuomintang* o *Guo-Min-Dang* 中国国民党, el Partido Nacionalista Chino

blo. De esta manera tal vez podamos llegar a una simpatía histórica y una comprensión del partido-Estado.

Sin embargo, este tipo de legitimidad histórica no es eterna. Cuando el objetivo original de salvar y reconstruir el país se haya logrado plenamente, entonces deberían realizarse ajustes que permitan al país desarrollarse aún más. Este es un principio que debería ser parte de un partido que salve o construya una nación. Según los argumentos leninistas, o argumentos de clase, el objetivo es construir el comunismo, y una vez que el llamado comunismo se realiza, tanto el Estado como el partido desaparecen, porque ya no hay necesidad de ellos. Yo llamo a esto la versión 1.0 del partido-Estado leninista, en otras palabras, la teoría del partido-Estado construido sobre una base de las clases. En el contexto de la historia moderna, que el PCC aceptara esta teoría fue, en mi opinión, un accidente histórico. Porque incluso si el establecimiento del PCC fue impulsado por elementos externos, esos bolcheviques posteriormente fracasaron completamente y se desvanecieron como resultado de sus experiencias políticas y militares, y fueron reemplazados por el *espíritu Yan'an*[30] y por la indigenización. La facción de la indigenización, con Mao como su representante, aceptó el marxismo desde el principio no como un «ismo», no porque sintiera ninguna identidad con el comunismo; lo que buscaban era una verdad para salvar a la nación. Mao dijo una vez que sólo el socialismo podría salvar a China. Esto demuestra que para él, el socialismo era un medio utilitario para lograr un fin, mientras que salvar a China era su objetivo más valioso. Esta lógica, si se le da la vuelta, significa que si algo no puede salvar a China, o peor aún, si algo va a dañar a China, entonces ciertamente hay que volver a la mesa de dibujo para rediseñar. Mao evolucionó a partir de este leninismo importado y lo llevó hasta su punto más alto, durante la *Revolución Cultural* creando la teoría de la revolución permanente de la dictadura del proletariado, que logró lo contrario de lo que se propuso y empujó la economía nacional al punto del colapso. Entonces surgió Deng Xiaoping, y basándose en

---

[30]**N.d.T.**: El giro que dio el PCC hacia las tesis de un comunismo específicamente chino y que encumbró a Mao durante la II Guerra Mundial.

su teoría del período inicial del socialismo suspendió el pensamiento utópico de Mao, y aunque China siguió siendo un partido-Estado, su base teórica estaba empezando a cambiar. Deng Xiaoping dijo que era hijo del pueblo chino y que amaba profundamente a la patria, no un sentimiento ordinario, sino un amor de profundo significado. Su elección de palabras constituyó una negación de la utopía de Mao. Luego vino el cambio en la «constitución del partido» en el que el PCC se convirtió en la «vanguardia de la nación china».

El *Papá* Xi ha llegado aún más lejos, hablando del *Sueño Chino*, del gran resurgimiento de la nación china y de la felicidad del pueblo como objetivo y responsabilidad de quienes detentan el poder. La mejora es que después de lograr la misión de arrebatar la independencia de las fuerzas externas, y después de lograr la gran misión de reconstrucción nacional, el partido salvador de la nación se convirtió en el partido gobernante, y la felicidad del pueblo se ha convertido en el objetivo del ejercicio de poder. ¿Cuáles son entonces los índices de felicidad de la gente? Seguramente el derecho a definir esto pertenece al propio pueblo. Soberanía nacional y seguridad nacional, este es el primer paso. Luego viene la vivienda y el empleo, y más tarde la toma de decisiones propias. Ésta es la teoría de Maslow sobre la jerarquía de necesidades, que ascienden paso a paso. Si usas la boca básicamente para comer, entonces lo que importa es la economía; Si usas la boca básicamente para hablar, entonces la libertad de expresión es lo más importante. Puesto que hemos reconocido la felicidad del pueblo, entonces seguramente el cielo oye lo que el pueblo oye y ve lo que el pueblo ve: 天听自我民听、天视自我民视. Así, dentro de la teoría del *Sueño Chino*, ha habido cambios y mejoras en la teoría del partido-Estado; Ya estamos en la versión 2.0 donde el pueblo, la nación y el Estado son los conceptos básicos.

Deng Xiaoping dijo que sólo el PCC podría lograr el gran resurgimiento de la nación china y, en cierto sentido, esto se ha logrado. La China de hoy tiene muchos partidos, la Liga Democrática China 中国民主同盟, la Asociación Democrática Nacional de Construcción de China 中国民主建国会, así como el GMD, el Partido Progresista del Pueblo 民进党... Estos partidos obviamente no pudieron hacer lo que el PCC ha hecho, porque no tenían la capacidad de satisfacer los requisitos de organización y movilización. En otras palabras, si queremos mantener la unidad de la nación, así como su próspero nivel de vida, entonces no tenemos otra opción que invertir nuestras esperanzas y expectativas en los mejores métodos. Esto no es una falta de progreso ni una tragedia. De hecho, soy muy optimista, porque la versión 2.0 del partido-Estado no sólo se ajusta a las necesidades del período histórico actual, sino que también contiene posibilidades positivas para el desarrollo futuro, y en términos de teoría y lógica contiene la posibilidad de la división de partido y país, como ya he mencionado brevemente. En cuanto a cuándo podríamos llegar a ese punto, aún quedan muchos factores por considerar. Las autoridades hablan de los «dos centenarios», lo que podría ayudarnos a entender el calendario. Actualmente, el XVIII Congreso del Pueblo ha promovido los valores fundamentales del socialismo: «riqueza y poder, democracia, civilización, armonía, libertad, igualdad, justicia, estado de derecho, patriotismo, dedicación al trabajo, sinceridad, amistad». Podemos imaginarnos obteniendo muchos de estos. La riqueza y el poder, la democracia, la civilización y la armonía encajan bien con el renacimiento nacional. La libertad, la igualdad, la justicia y el estado de derecho están estrechamente vinculados a la felicidad del pueblo. Si decimos que «riqueza y poder» coinciden con el Estado, solidificando el establecimiento de la soberanía y el poder público, entonces la «democracia» y la «libertad» coinciden mejor con la protección y el desarrollo de los derechos privados. Entonces, ¿podemos entender que ésta es la prioridad de los objetivos de valor en el plan político del partido-Estado gobernante? ¿Podemos entender esto como el mapa del camino hacia la realización del Sueño Chino? ¿Esto hereda y desarrolla los valores dominantes de la China moderna? ¿Podemos entender implícitamente esto como la implementación progresiva del esquema de gobierno militar, tutela y gobierno constitucional de Sun Yat-sen? «Los esfuerzos de varias generaciones construirán verdaderamente una China cuyo poder provenga del pueblo, un país constitucional gobernado por el estado de derecho y la justicia». En filosofía política, el mantenimiento de la capacidad de un gobierno y la protección de los derechos individuales son una contradicción; es como encontrar un equilibrio más allá del «superhombre» de Nietzsche y los «nazis» de Heidegger. Esto es algo que el camino medio confuciano valora y persigue. Lograr reconciliar adecuadamente el renacimiento del Estado y del pueblo es tanto nuestro objetivo histórico como una oportunidad para la innovación teórica aunque en todos los frentes sigue lleno de oportunidades y desafíos.

Con eso, básicamente he cubierto mis tres puntos. Siento que he dado una lectura, o una extensión, del *Sueño Chino* desde una perspectiva confuciana. Así pienso desde hace veinte años. Me han molestado tanto la izquierda como la derecha, pero esto es algo bueno, ya que demuestra que los confucianos tienen su propio punto de vista intelectual, que es diferente. No me atrevo a decir que represento a los confucianos, sólo son mis reflexiones individuales. Y espero, en esta plataforma, recibir comentarios y críticas de la izquierda y la derecha, así como de mis compañeros confucianos. ¡Gracias!

4

La religión civil confuciana

- Entrevista de Chen Yizhong a Chen Ming[31]

El camino a *Yuandao*

Chen Yizhong [CYZ]: ¿Qué tipos de pensamiento encontró cuando estaba en la universidad en la década de 1980?

Chen Ming [CM]: Esa era la época de la «locura cultural», por lo que, en su mayor parte, se trataba de comparaciones entre China y Occidente, antitradicionalismo, muy parecido al *4 de mayo*. En ese momento, yo también era muy antitradicionalista, creía que la tradición impedía la modernización y era cómplice de la dictadura. Estaba estudiando chino y me interesaban mucho los «poetas brumosos» 朦胧诗人, que se centraban en la emoción individual. Estaba en contra de la idea de que el objetivo de la literatura era transmitir el Camino 文以载道, y creía que el valor más alto de la literatura debería ser estético. Descubrí la filosofía y finalmente llegó a gustarme a través de la teoría literaria, por ejemplo, cuando leí «El existencialismo es una forma de humanismo» de Sartre en la revista *Foreign Art* 外国文艺.

---

[31]**NdE**: Traducción de la versión en inglés de «Confucian Civil Religion» de Chen Ming y Chen Yizhong, traducido al ingles por David Ownby, disponible en https://www.readingthechinadream.com/chen-ming-confucian-civil-religion.html.

Cambié a Filosofía cuando hice mi maestría, pero todavía me gustaba la literatura. En ese momento, las figuras activas en el mundo del pensamiento hacían literatura o traducción. Yo era muy apasionado y conocía bastante bien el mundo exterior. Siempre había prestado atención a Li Zehou 李泽厚 (n. 1930), y una vez le escribí una carta antes de ir a la escuela de posgrado. Incluso él me respondió. Así que cuando Liu Xiaobo 刘晓波 (1955-2017) hizo su crítica a Li Zehou, también presté atención a eso. Muchos de mis compañeros de clase siguieron este intercambio, y la mayoría de ellos estuvieron de acuerdo con las críticas de Liu a Li. Descubrí que Liu Xiaobo tenía talento y escribía de manera convincente, pero que su pensamiento era un poco exagerado. Lo que Li Zehou dijo sobre la verdad y el papel de la «tradición» fue una especie de revelación para mí, pero mi punto de vista se mantuvo más o menos neutral. Ni estuve completamente de acuerdo con él ni lo rechacé por completo.

CYZ: Esta fue aproximadamente la época en que los escritos de Lin Yusheng 林毓生 (nacido en 1934) y Yu Yingshi 余英时 (nacido en 1930) ingresaron al continente, ¿verdad?

CM: Exacto. La Imprenta Popular de Guizhou publicó el libro de Lin Yushe. En 1986 o 1987, la Beijing *Theory Information* 理论讯息报 reimprimió en serie el libro de Yu Yingshi *El significado moderno de la cultura china como sistema de valores* 从价值系统看中国文化的现代意义. En ese momento, todo el mundo en el continente tenía una resistencia emocional a la idea de la «tradición», hasta el punto de argumentar que la tradición era la causa básica de la *Revolución Cultural*. Pero Yu Yingshi y Lin Yusheng no eran así. En la sala de lectura de Hong Kong-Taiwán de la escuela, leí las obras de Mou Zongsan 牟宗三 (1909-1995) y otros nuevos confucianos, y comprendí el esplendor de la tradición.

CYZ: ¿Así que antes de 1989, usted ya estaba de acuerdo con un punto de vista confuciano?

CM: En ese momento, yo no entendía realmente el confucianismo. En general, me inclinaba por la occidentalización, la modernización y la democracia liberal. Por supuesto, hoy tengo las mismas opiniones sobre la democracia liberal.

CYZ: ¿Así que su principal punto de inflexión ocurrió después de 1989?

CM: Sí, después de 1989. Pero no fue sólo Tian'anmen en China, también estuvo el golpe de agosto en la Unión Soviética. ¿Qué significó esto? Esto me llevó a entender que las relaciones entre China y Occidente no eran una simple cuestión de ideología, o de ortodoxia versus heterodoxia, sino de geopolítica. Después del fracaso del golpe de agosto, Rusia básicamente se convirtió en algo del pasado, incluida tanto su ideología como su sistema político, pero los principios de la geopolítica no habían cambiado, y las potencias occidentales continuaron viendo a Rusia como un enemigo. Con la ocurrencia de una serie de acontecimientos en las relaciones chino-estadounidenses, llegué a sentir que el mundo era, de hecho, un imperio, con Estados Unidos como centro. Y sentí que la relación de China con este imperio sería decidida únicamente por esta estructura de centro y periferia. Así, en términos de la situación interna de China, si el precio a pagar por implementar reformas en aras de valores abstractos era la división territorial y la agitación social, entonces necesitábamos repensar las cosas. Necesitábamos reformas graduales que aseguraran la estabilidad, y necesitábamos encontrar un camino que se ajustara a nuestro carácter nacional y a nuestros propios deseos. No podíamos permitirnos hacer una repetición del «clásico del girasol».

Después de comenzar mi doctorado en 1989, comencé a leer obras confucianas con un cierto conjunto de preguntas en mi mente, y llegué a comprender más sobre el significado y la función del confucianismo en la historia. En este proceso, lo que más me conmovió fue la responsabilidad de la élite hacia el pueblo, hacia la tradición de la ortodoxia moral 道统 y hacia el mundo. Más tarde dediqué mi tesis a estos temas.

CYZ: Usted fundó la revista *Yuandao*原道 en 1994. ¿Podríamos considerar a esta revista como la principal representante de la «locura de los estudios nacionales 国学热» de los años 1990? ¿Por qué decidió crear *Yuandao*?

CM: La fundación de *Yuandao* fue en realidad una mezcla de casualidad y necesidad. Después del 4 de junio, muchos de mis amigos sintieron que la revolución había fracasado y que no había espacio ni sentido en involucrarse en el pensamiento o la erudición, así que se dedicaron a los negocios para ganar dinero. Algunas personas que escribieron *best-sellers* lograron ganar algo de dinero de esa manera, tal vez porque nacieron para ser intelectuales y no pudieron dejar de lado la cultura. Yo todavía estaba en la escuela durante ese período, y el Departamento de Religión tenía muchos libros sobre adivinación que compartí con estos amigos literarios y podría decirse que los ayudé. Llegaron a sentir que yo era alguien que podía dirigir una revista, lo cual estaba más que dispuesto a hacer. Esto ocurrió justo en el momento en que las revistas independientes[32] estaban de moda, como *China Book Reviews* 中国书评, *Scholars* 学人, *The Origins of Inquiry* 原学, etc. Se me ocurrió el nombre *Yuandao* para sugerir un vínculo con el confucianismo de las eras Qianlong 乾隆 (r. 1735-1796) y Jiaqing 嘉庆 (r. 1796-1820) de la dinastía Qing. Mis amigos no estaban de acuerdo y pensaron que deberíamos llamarlo algo así como *Nueva Crítica de Hunan* 新湘评论. Pensé que esto no funcionaría, así que recuperaron su inversión, pero yo ya había arreglado las cosas con un grupo de escritores, muchos de los cuales eran figuras importantes de generaciones anteriores, lo que significaba que estaría en una mala situación con ellos si no publicaba algo. Así que me puse en contacto con Liu Lexian 刘乐贤 (n. 1964) y algunos compañeros de clase y amigos más y me las arreglé, por las buenas o por las malas, para sacar la revista. Tuvo bastante buena acogida y ha continuado hasta el día de hoy.

CYZ: ¿Cómo ve la locura de los estudios nacionales de los años 90?

CM: Mi impresión es que la locura de los estudios nacionales surgió lentamente del campus de la Universidad de Pekín, ¿verdad? La «evolución pacífica» estaba de moda y los materiales occidentales estaban restringidos, así que luego vino la «búsqueda de Mao Zedong» y más tarde el regreso a la tradición. Los jóvenes desarrollan

---

[32] 民间办同人刊物, publicaciones gestionadas por el consejo editorial y no en colaboración con una agencia gubernamental.

sus cuerpos y sus mentes, ¡y siempre buscan algo que se adapte a sus necesidades! Se mueven a tientas, observando todo, hasta que finalmente se sincronizan con la sociedad y alcanzan lo que llaman «iluminación».

CYZ: ¿En qué año anunciaste tu apoyo al «conservadurismo cultural»?

CM: En realidad no se trataba de «apoyo», sino que sentía que necesitaba un nombre o algún tipo de identificación, y resultó ser «conservadurismo cultural». Hay una explicación clara a este respecto en el primer o segundo número de *Yuandao*. Mis compañeros de clase y amigos son muy activos y tienen todo tipo de puntos de vista. *Yuandao* publicó ensayos liberales, ensayos de la Nueva Izquierda, y en una publicación dirigida a *Yuandao* escribí que esperábamos que cualquier liberal o cualquier marxista pudiera entablar un diálogo con nosotros, los conservadores culturales. Recuerdo claramente haber añadido un extracto de algo que Daniel Bell (nacido en 1964) escribió sobre un ensayo de Chen Xiaoming 陈晓明 (nacido en 1959), de modo que teníamos: liberalismo político, conservadurismo cultural y socialismo económico. Para Bell, «conservadurismo cultural» no era un término negativo; esa era una forma en la que nos posicionábamos. En retrospectiva, estábamos un poco confundidos, con solo una comprensión limitada de las diversas ideas y los vínculos entre ellas.

CYZ: ¿Cuándo fue que los estudios nacionales y el confucianismo comenzaron a recibir más atención?

CM: ¡Solo en los últimos años!

Yao Zhongqiu 姚中秋 (n. 1966) **[YZQ]**: Hubo algunas actividades en 2004, una de las cuales fue el décimo aniversario de *Yuandao*, y otra fue la conferencia sobre la religión confuciana 儒教会议 celebrada en Guangzhou.

CM: También organicé esa reunión. En 2004, establecí un centro de investigación de la religión confuciana en el Instituto de Religión de la Academia China de Ciencias Sociales y comencé a pensar en organizar la reunión. Más tarde, recibí el apoyo de la Fundación Trust 信孚集团 en Guangzhou y organicé la «Primera Conferencia

Académica Nacional sobre la Religión Confuciana».

YZQ: Más tarde, se produjo el «debate sobre la lectura de los clásicos 读经的争论». El confucianismo se hizo presente en muchos lugares. Algunos liberales entraron en el bando confuciano, lo que captó la atención del mundo del pensamiento. Por ejemplo, el director de cine Liu Haibo 刘海波 (nacido en 1975), el erudito legal Fan Yafeng 范亚峰 (nacido en 1969) y yo mismo apoyamos el confucianismo, aunque Fan Yafeng más tarde se convirtió al cristianismo. En cualquier caso, el confucianismo alcanzó cierta autoconciencia durante este período, además de ocupar su lugar en el espectro ideológico.

Crítica a los nuevos confucianos de Hong Kong y Taiwan

CYZ: Desde su argumento de «revelar la esencia a través de la función 即用见体» hasta su defensa de la «religión civil Confuciana», su trayectoria de pensamiento ha sido muy diferente a la de personas como Jiang Qing 蒋庆 (n. 1953) y Kang Xiaoguang 康晓光 (n. 1963), hasta el punto de que algunas personas incluso han sospechado que usted es un «falso confuciano». Aunque una vez estuvo influenciado por los nuevos confucianos de Hong Kong-Taiwán, todavía está en desacuerdo con su forma de discurso. Si bien profesa constantemente su apoyo al liberalismo, la democracia y el gobierno constitucional, también suele promover opiniones fuertemente nacionalistas. ¿Podría explicarnos los elementos básicos de su pensamiento?

YZQ: Le sugiero que divida esto en dos. Uno sería «abandono de la fe 叛教», es decir, sus opiniones y críticas a otros confucianos. El otro sería la estructura básica de su propio pensamiento.

CM: Como alguien que nació en la década de 1960 y alcanzó la mayoría de edad intelectual en la década de 1980, siempre he tenido una relación íntima con el liberalismo. Ésta es mi inmutable «intención original 初衷».

En cuanto a «abandonar la fe», permítanme hablar primero de los nuevos confucianos de Hong Kong y Taiwán. He dicho que los nuevos confucianos de Hong Kong y Taiwán son mis maestros espirituales. En su época se rendía culto a la razón y se consideraba que la filosofía era la joya de la corona. Para ellos, la filosofía llegó a ser el mejor marco académico a través del cual explicar el confucianismo. Como resultado, su trabajo ha tendido a centrarse en la relación entre los conceptos dentro del pensamiento confuciano, y han sostenido que el confucianismo es algo muy cercano a un sistema filosófico occidental.

En contraste, y tal vez esto esté relacionado con la «locura cultural» de los años 1980, siempre me he centrado en *el confucianismo como símbolo cultural* y en la relación mutua e interna del confucianismo con nuestra historia, nuestra sociedad, nuestra vida y vitalidad, y desde esa perspectiva he tratado de entender el significado y la función del confucianismo. Considero que estas cuestiones son más importantes y por ello no acepto realmente el discurso de los nuevos confucianos de Hong Kong y Taiwán. Su premisa básica, según la cual la filosofía es igualmente válida en el tiempo y en el espacio, puede proporcionarnos un poco de consuelo cuando buscamos nuestra identidad original, pero no nos sirve de nada cuando tratamos de crear un mundo nuevo. Desde mi punto de vista, la ausencia de filosofía no significa que la cultura no tenga dignidad. El punto crucial es la ausencia de algo que decir sobre el mundo y sobre la vida, la cuestión crucial es la ausencia de fe. La idea de «comprometerse con el mundo 为天地立心» es, por su naturaleza, mucho más cercana al sentimiento religioso que al conocimiento filosófico. Es una especie de despertar intuitivo y no una prueba filosófica.

La definición que Mou Zongsan dio del confucianismo como «mente-naturaleza 心性论» fue un resultado necesario de la forma del discurso filosófico, que en consecuencia presentó el neoconfucianismo Song-Ming 理学 como la forma más alta del confucianismo, y al mismo tiempo lo esencializó. De hecho, el neoconfucianismo Song-Ming está muy lejos del espíritu de Confucio y de la tradición del *Yizhuan* 易传; fue la forma que adoptó el confucianismo en el contexto particular de la era Song. Mou Zongsan vio problemas con Zhu Xi 朱熹 (1130-1200), y por lo tanto defendió el pensamiento de la escuela de Hu Wufeng 胡五峰 (Hu Hong 胡宏, 1102-1161) y Cheng Mingdao 程明道 (Cheng Hao 程颢, 1032-1085). Sin embargo, mientras que Mou mismo anhelaba un mundo en el que el Camino fuera a la vez existente y activo 即存有即活动, nunca logró conectar esta noción con el sentimiento religioso y la cosmovisión expresada en los grandes cambios que surgieron de Confucio y el *Yizhuan*. La forma en que se expresó la idea de «tanto existente como activo» es filosófica y huele al neoconfucianismo Song-Ming. No sólo se desvincula [del contenido confuciano original], sino que se vuelve pasivo a sí mismo y a todo el confucianismo. Requiere la invención de la idea de un «colapso 坎陷», sin el cual la comunicación con el mundo exterior seguirá siendo imposible.

Si debemos hablar de filosofía, entonces los confucianos deberían empezar desde el ángulo de la filosofía de la vida humana o filosofía política. Una filosofía de la vida humana implica fusionarse con el cielo y la virtud, avanzar mientras se rinde culto al cielo, y completarse a uno mismo y a los demás, participando en la transformación 与天合德奉天而行成己成物参赞教育. En cuanto a la filosofía política, consiste en cuidar a los ancianos y apreciar a los jóvenes 安老怀少 y actuar de tal manera que agrade a los que están cerca y atraiga a los que están lejos 悦近来远. En cuanto a las medidas concretas necesarias para llevar un gobierno benévolo a todos, no hay reglas establecidas. Este tipo de base teórica es extremadamente flexible y hay un amplio espacio para la exploración y el debate.

CYZ: Entonces, ¿no está de acuerdo con la manera discursiva mediante la cual los nuevos confucianos de Hong Kong y Taiwán utilizan el neoconfucianismo de «mente-naturaleza» para abrir un espacio para el Sr. Democracia y la Sra. Ciencia? ¿Cree que esto depende demasiado de los métodos «filosóficos» occidentales? ¿Qué opinas de Xu Fuguan 徐复观 (1904-1982)?

CM: Mis opiniones son bastante parecidas a las de Xu Fuguan, porque su enfoque histórico y su defensa liberal no requieren que se «abra ningún espacio en particular».

CYZ: ¿Cómo ves la problemática de los nuevos confucianos de Hong Kong y Taiwán que esperan vincular el confucianismo con el señor Democracia?

CM: La democracia es un valor dominante desde el período del *4 de mayo* y, al igual que la ciencia, está completamente fuera de toda sospecha, porque la gente ha llegado a verla como una droga milagrosa que conduce al renacimiento nacional, la riqueza y el poder. Y esto, por supuesto, ha llevado a errores y sesgos en la comprensión de la teoría de la democracia. La ciencia se ha convertido en cientificismo, de modo que incluso las cuestiones sobre la vida humana han llegado a requerir soluciones científicas, aunque en realidad la ciencia no es algo que dé sentido a la vida. La democracia es una especie de sistema, una herramienta para la búsqueda de la justicia. Sin embargo, las diferencias en el éxito de la democracia tienen que ver con las condiciones históricas y sociales. En mi opinión, profundizar nuestra comprensión de la democracia no significa necesariamente construirla, sino más bien comprender mejor cómo hacer realidad las intenciones originales detrás de la búsqueda de la democracia.

CYZ: Yu Yingshi no es un nuevo confuciano, aunque fue malinterpretado como tal en China continental. Yu analizó una vez el papel que el confucianismo podría desempeñar en una democracia constitucional y en una sociedad plural desde la perspectiva del liberalismo político ruso. Interpretó el confucianismo como una teoría racional y comprensiva, un actor importante en una sociedad plural, que sería capaz de desarrollar su influencia respetando las normas básicas de la democracia constitucional. Supongo que usted considera que esta es una visión distorsionada del confucianismo.

CM: Yu Yingshi es bastante complejo. Fue alumno de Qian Mu 钱穆 (1895-1990) y tiene una sólida comprensión de la modernidad, así como una buena formación académica. En mi opinión, es alguien que entiende y se identifica con los intelectuales chinos tradicionales. En sus primeros escritos, su defensa de la cultura tradicional es muy clara, y su *Ética confuciana y el espíritu comercial* 儒家伦理与商人精神 pretende, sin duda, defender la cultura china contra la teoría de Weber. Desde esta perspectiva, tengo un gran respeto por él.

En cuanto a sus opiniones que acaba de mencionar sobre el papel del confucianismo en una democracia constitucional, no tengo nada en contra de ellas. Cuando digo que la ortodoxia moral es superior a la ortodoxia política, hablo en términos históricos y culturales. Las opiniones de Yu podrían interpretarse como que, en el proceso de establecer un régimen constitucional, el confucianismo debería tomarse en consideración como una expresión de valores útiles de la tradición moral. En el contexto de las instituciones modernas, la posición de la constitución es superior a la de cualquier teoría o religión; esto, por supuesto, es algo que exige el principio político moderno de la separación de poderes.

Pero el pluralismo social también debería ser importante dentro del confucianismo. Y en este sentido, el confucianismo puede y debe utilizar su propia fuerza para asegurar su propia posición especial, de la misma manera que el protestantismo se ha convertido en la religión civil de los Estados Unidos.

YZQ: Mi sensación es que en la China moderna, quienes siguen al confucianismo tienen dos caminos posibles. Uno es el neoconfucianismo Song-Ming, que es el camino elegido por Xiong Shili 熊十力 (1885-1968) y Mou Zongsan. El otro es el camino de la historia, que es el camino elegido por Wang Guowei 王国维 (1877-1927), Chen Yinque 陈寅恪 (1890-1969), Qian Mu y Yu Yingshi. Si se elige el camino de la historia, es difícil llegar a un sistema completo, porque la historia misma ya ha destruido la posibilidad de completarlo. Pero Chen Ming no ha elegido ninguno de estos caminos.

CM: El primer camino es algo así como tomar los clásicos como esencia y función, y el segundo es más bien tomar los clásicos como esencia y la historia como función. Mi sensación es que mi «revelación de la esencia a través de la función» se acerca a lo que propuso Zhang Xuecheng 章学成 (1738-1801): «tanto la esencia como la función», «los clásicos y la historia como uno solo». Por supuesto, la condición previa para esto es la teoría de los cambios *qianyuan* 乾元 del *Zhouyi* 周易. Después de comenzar a publicar *Yuandao*, le escribí una carta a Yu e incluí una copia de uno de los números. En ese momento, acababa de leer su *Recordando el viento que soplaba* *en la balanza en el agua* 吹水上, que hablaba de los conflictos entre Qian Mu y los nuevos confucianos, y aunque estaba claro que estaba diciendo la verdad, desde el punto de vista de un «frente unido» confuciano, le sugerí que no exagerara el conflicto entre Qian y Mou, ni lo presentara como una división interna. Por supuesto, no me prestó atención. Aun así, su influencia sobre mí fue muy importante, especialmente en términos de metodología. Admiro la forma en que combina la sociología y la historia, aunque mi propio enfoque se acerca más a la antropología cultural o los estudios culturales.

Del confucianismo a la «religión confuciana»

CYZ: En China continental es muy popular estos días hablar de «religión confuciana» y no solo de «confucianismo» o «confucianos». Usted está en estrecho contacto con el mundo de la erudición confuciana, por lo que debe haber notado que el término «religión confuciana» aparece con mucha menos frecuencia en Taiwán que en China continental. ¿Cómo explica esta diferencia?

CM: *En China continental, el término «religión confuciana» ha reemplazado a «confucianismo» básicamente para enfatizar la relación orgánica entre la cultura confuciana y la vida social y espiritual.* El *ismo* del confucianismo es ontológico, o tal vez simplemente filosófico, pero esto claramente no hace justicia a la verdadera forma y papel del confucianismo en la historia. *Si nadie utiliza la «religión confuciana» en Taiwán es porque la cultura confuciana aún sigue viva en Taiwán.* En la esfera pública, el confucianismo desempeña el papel y ejerce la influencia de la religión civil. En el ámbito privado, permea las creencias personales y la ética cotidiana a un nivel subconsciente. Así que, tanto si se le llama «religión confuciana» como si no, existe como «religión confuciana».

Si las cosas fueran iguales en el continente, entonces nosotros —o al menos yo— no le daríamos tanta importancia.

CYZ: En el contexto reciente del continente, parece que «religión confuciana» ya se refiere a una «religión» y no a una «enseñanza». ¿Es esto una imitación de Kang Youwei 康有为 (1858-1927)? Observo que usted también utiliza el término «religión confuciana» y lo considera una especie de «religión».

CM: La razón por la que los textos de Confucio que encontramos en la *Biblioteca completa de los Cuatro Tesoros* 四库全书 se denominan «clásicos» no es porque exista alguna diferencia académica entre Confucio y Han Feizi 韩非子 (279-233 a. C.) o Mozi 墨子 (470-391 a. C.), sino más bien debido a su papel e influencia en la vida ética diaria y en la práctica política real. Ahora bien, por supuesto, la base y la estructura sociales en las que se basaba el confucianismo han declinado y finalmente han desaparecido con los cambios en la sociedad, y es completamente razonable y natural buscar una nueva base y plataforma social para su reconstrucción.

Fuera de la «religión», ¿existe una forma o un enfoque mejor? Creo que Kang Youwei llegó a la misma conclusión. Si el movimiento religioso confuciano de Kang Youwei no hubiera exagerado al tratar de convertir el confucianismo en la religión nacional, y en cambio hubiera buscado, de una manera realista, darle al confucianismo el mismo estatus legal que el budismo, el taoísmo, el cristianismo y el islam, combinando el capital confuciano como los templos confucianos, los templos ancestrales y las academias en un solo sistema, entonces no estaríamos en una situación tan difícil hoy. Si existe una oportunidad hoy [para revivir el confucianismo], entonces tenemos que aprovecharla, y no ser dejados de lado por la historia una vez más.

CYZ: ¿El mismo estatus legal que el budismo, el taoísmo, el cristianismo y el islam? ¿Se refiere a registrarse como religión? Si es así, permítame plantear una pregunta complementaria: ¿Pueden los confucianos llevar a cabo un movimiento religioso? ¿Son buenos en eso? En Taiwán, las iglesias confucianas registradas se encuentran entre los grupos con el menor número de miembros, y tienen mucha menos influencia que los taoístas o los budistas. Si los confucianos se registran como una religión popular en China continental, ¿realmente tendrán más influencia?

CM: Sí, deberían registrarse como una organización religiosa común y corriente. Al menos de esa manera podrían obtener una licencia de funcionamiento y competir en igualdad de condiciones en el mercado religioso.

Algo interesante en lo que he estado pensando es cómo estructurar un argumento confuciano sobre cuestiones de vida y muerte. Tengo un estudiante que está trabajando en el tema y lo ha discutido con Lu Yunfeng 卢云峰 en la Universidad de Beijing. Antes del establecimiento del budismo y el taoísmo, las ideas del pueblo chino sobre la vida y la muerte estaban profundamente influenciadas por el confucianismo, *pero después de Dong Zhongshu* 董仲舒 (179-104 a. C.), *el confucianismo se volvió cada vez más politizado y elitista,* lo que llevó a la disminución de la capacidad de persuasión del confucianismo en este frente, que también fue una de las principales razones del surgimiento del taoísmo entre la gente.

En cuanto a lo competitivo que podría ser el confucianismo, esa es otra cuestión. El núcleo del Yiguandao 一贯道 de Taiwán es, de hecho, el confucianismo. He investigado y lo encontré bastante alentador.

CYZ: Los libros de texto de Taiwán contienen una gran cantidad de material confuciano, pero no se trata de educación religiosa. Hay demasiados tipos de religión y, si el gobierno promoviera uno en particular, cometería el error de fusionar la Iglesia y el Estado, violando así una norma básica de la democracia constitucional. Así que, desde otra perspectiva, es precisamente porque el confucianismo no se considera una religión que su influencia social trasciende la de una religión.

CM: Cuando mencioné la posición de la religión confuciana en Taiwán antes, estaba pensando en cosas como la participación de Ma Yingjiu 马英九 (nacido en 1950) en ceremonias confucianas y en la inclusión de los clásicos confucianos como material didáctico en los cursos obligatorios de las escuelas secundarias de Taiwán. Estos hechos son más importantes que si lo llamamos religión confuciana o no. En China continental, el confucianismo no es nada en absoluto. Hace poco tiempo hubo una conferencia en la Universidad de Taiwán, y argumenté que cuando los académicos taiwaneses dicen que la idea de la «religión confuciana» es un obstáculo para la difusión de la influencia de la cultura confuciana, esto es un ejemplo de que «los bien alimentados no conocen el hambre de los hambrientos 饱汉不知饿汉饿». Si los académicos de China continental se oponen a este tipo de religión confuciana, entonces es un argumento vacío completamente divorciado de la realidad.

Crítica de la idea de una religión nacional

CYZ: Hay algunos confucianos continentales que proponen que el confucianismo se convierta en la «religión nacional», o incluso abogan por el establecimiento de un sistema en el que la iglesia y el estado estén íntimamente unidos. ¿Hasta qué punto es confuciana esta idea de una religión nacional, o esta idea es teocrática o fundamentalista? Mi impresión es que usted no ha criticado la idea de una religión nacional.

CM: Es cierto que no he criticado duramente esta idea, ¡porque sus críticas ya son suficientes! Pero recientemente dije algo que no era demasiado políticamente correcto: primero, que como religión, *la religiosidad del confucianismo es en sí misma bastante débil, en cuanto a la manera y el grado en que cree en los espíritus, y en cuanto a los argumentos sobre la vida, la muerte y el alma*. Por eso, aunque promueva la idea de la religión confuciana, me opongo a la idea de que ya es una religión plenamente formada. Si cometemos el error de presentarla de esa manera, no podremos presentar de manera efectiva lo que es el confucianismo, ni podremos reconstruirlo.

En segundo lugar, hay que respetar la historia y no se pueden inventar, para probar los propios argumentos, relatos históricos propios, por ejemplo proclamando que «el confucianismo fue la religión nacional a partir de la dinastía Han». Los Han heredaron las instituciones Qin, y su fundación fue una mezcla de las formas de la hegemonía y las formas del rey, exteriormente confucianas e interiormente legalistas. El confucianismo surgió del chamanismo; maduró y se desarrolló sobre una base social. Por supuesto, hubo los brillantes momentos [individuales] de Yu el Grande, los reyes Tang, Wen y Wu, así como Confucio, pero el confucianismo en su base es un producto social. Casi todas las sociedades y países primitivos se envolvieron en el manto de la religión; la idea de cortar la comunicación entre el cielo y la tierra 绝地天通 es una señal de esto. Desde el momento en que la política y la religión se separaron en China, el confucianismo como sistema de ritos y música se diluyó en la política, cuyo punto culminante fue la quema de los libros por parte de Qin y el entierro de los confucianos. *Cuando Dong Zhongshu convenció a Han Wudi de adoptar el confucianismo como la única filosofía de gobierno, esto fue un suceso repentino y feliz, un evento que cambió el mundo. A partir de entonces, el confucianismo se convirtió simplemente en una técnica de gobierno social, y ya no era el Camino. Además*, la razón por la que las cosas evolucionaron de esta manera fue porque el confucianismo ya tenía una base social firme, de lo contrario, ¿por qué usarlo de esta manera?

YZQ: ¿Por qué cree que esto es políticamente incorrecto?

CM: Es políticamente incorrecto porque, según los principios del mundo confuciano, mi forma de hablar no ayuda a construir la imagen del confucianismo. Creo sinceramente que un enfoque de «arriba hacia abajo» no funcionará ni en la teoría ni en la práctica y, por lo tanto, no puede dar buenos resultados. Propongo, en primer lugar, que el enfoque adecuado para la religión confuciana es *construir una base social y trabajar desde allí hacia arriba*. Sólo si las cosas funcionan en los niveles inferiores, sobre una base sólida, los de arriba prestarán atención.

En segundo lugar, debemos tener presente que los tiempos han cambiado. Los confucianos de hoy son débiles. Aparte de los desafíos del liberalismo, el cristianismo y la ideología, el confucianismo en sí mismo aún no ha ideado una respuesta apropiada al cambio social o al desafío de la modernidad. Por «modernidad» no me refiero a los discursos ideológicos de izquierda y derecha, sino más bien a los cambios en las formas de producción, vida y pensamiento desde la revolución industrial. El confucianismo debe y tiene que hacer ajustes y reformas en respuesta a esto.

CYZ: ¿En qué aspectos se diferencia de Jiang Qing?

CM: Mis diferencias más importantes con Jiang Qing son las siguientes. En primer lugar, Jiang mira el mundo y los problemas chinos desde el ángulo del confucianismo. Yo parto de la perspectiva de la gente —primero del pueblo chino, pero luego de la gente del mundo entero— para ver qué puede aportar el confucianismo al bienestar del pueblo chino y de la humanidad en general. El punto de partida de Jiang Qing es una cultura esencializada; mi punto de partida es el desarrollo de la vida humana.

En segundo lugar, a Jiang le preocupa la decadencia y el resurgimiento de la *identidad china*. Cree que la China moderna ya está completamente occidentalizada, lo que significa «barbarizada», políticamente a través del marxismo, económicamente a través del capitalismo. A mí me preocupa el resurgimiento del pueblo chino, que está relacionado con la búsqueda de riqueza y poder en los tiempos modernos. En mi opinión, la *identidad china* es un producto de la historia, y no se puede esencializar de manera simplista desde una perspectiva cultural. Lo que me preocupa es cómo la gente puede vivir y desarrollarse bien, en el sentido más amplio posible. *Mi herencia es la del Movimiento de Autofortalecimiento y la de «esencia china, función occidental»; la herencia de Jiang es la de Woren* 倭仁 *y sus compañeros intransigentes.*

En tercer lugar, Jiang Qing rechaza básicamente la modernidad. Parte de un juicio de valor sobre la totalidad de la modernidad y la rechaza. Mi comprensión de la modernidad es un juicio histórico, y realizo un análisis crítico de ella como la situación que nos ha tocado enfrentar.

En cuarto lugar, dadas estas diferencias en la metodología y en los supuestos básicos, también tenemos diferentes puntos de vista sobre el desarrollo futuro del confucianismo. *No apruebo el enfoque de arriba hacia abajo de la «religión nacional», y prefiero el camino de la «religión civil».* Aparte de estas diferencias en los objetivos y planes para el desarrollo que surjan de estos objetivos, en la cuestión de la actitud hacia el «*confucianismo como religión*», Jiang Qing enfatiza su completitud y perfección, razón por la cual desea elevarlo a la posición de «religión nacional». Subrayo la importancia de la reforma, y me gustaría contribuir a las discusiones sobre la vida y la muerte del confucianismo, que solidificarían sus bases, mejorando su papel e influencia como «religión civil».

CYZ: ¿Acepta usted alguno de los planes políticos de Jiang Qing (su «constitucionalismo confuciano»)?

CM: No. Creo que su plan es impracticable. Dice que los miembros de la Casa de la Esencia Nacional 国体院 serán personas con linaje confuciano, pero ¿de qué sirven los linajes confucianos? Su «legitimidad del camino celestial 天道合法性» se puede lograr mediante la elaboración de la constitución, así que ¿para qué exagerar? ¿Cómo se va a formar la Casa de la Tradición Confuciana 通儒院? ¿Quién elige a los miembros? ¡Creo que un «falso confuciano» como yo no tendría ninguna posibilidad de ser seleccionado!

CYZ: ¿Rechaza usted también los planes de Kang Xiaoguang?

CM: Kang y yo coincidimos mucho en cuanto a nuestra problemática, en el sentido de que ambos abordamos a China como «partes interesadas». En cuanto a su comprensión de la cultura, el enfoque de Kang es instrumentalista, lo cual es muy cercano a mi punto de vista. Pero Kang incluye a Huntington en el cuadro. La razón por la que es confuciano está vinculada a la teoría de Huntington sobre el choque de civilizaciones. Huntington no sólo proporcionó el campo de estudio de Kang, sino que también le dio su lógica. Mi sensación es que Huntington inventó sus argumentos sobre la cultura y la civilización a propósito, y que Kang en cierto modo cayó en la trampa. La civilización es más que «choques», y si realmente crees en la civilización puedes identificar intereses trascendentes, así como funciones políticas y legales. Así que Kang transformó la «China confuciana» de Tu Wei-ming en algo real, y construyó sus propios argumentos sobre ella. Siento que es poco práctico o tal vez demasiado idealista.

Según su lógica de los «imperios culturales», los confucianos chinos en cualquier parte del mundo forman una comunidad. En ese caso, ¿son los cristianos chinos en China parte de Occidente? ¿Son los musulmanes chinos parte de Oriente Medio? ¿Esto no arruinará completamente a China? Debemos tener claro que las razones que se esconden detrás de los conflictos en el escenario mundial son intereses, siempre intereses.

YZQ: La razón por la que Kang Xiaoguang no puede publicar sus ensayos no es que haya problemas con ellos, sino que escribe como estratega y busca revelar los secretos de los gobernantes a todo el mundo. Ha abogado por un Estado corporativista y por el control de las élites, pero lo que quiere decir es que las élites deberían tener el monopolio del poder.

CM: Comparto una visión básica con Jiang Qing y Kang Xiaoguang, que es entender, explicar y construir la cultura confuciana desde el punto de vista de la religión. Esto significa prestar atención a las relaciones internas entre el confucianismo, la vida cotidiana y las cuestiones de la existencia, y no tomarlo meramente como un sistema de conocimiento y conformarse con una clarificación de la lógica interna del sistema, juzgando su éxito sobre la base de la comparación con una corriente filosófica occidental u otra comparación personal. Esta es la mayor diferencia entre los nuevos confucianos de China continental y los nuevos confucianos de Hong Kong y Taiwán. El hecho de que desapruebe el intento de establecer el confucianismo como la religión nacional es una consideración menor en este mismo campo.

La religión confuciana «de abajo hacia arriba»

CYZ: No está de acuerdo con la estrategia «de arriba hacia abajo» de establecer el confucianismo como la religión nacional, y en cambio propone: **1.** Utilizar el estatus del confucianismo como religión para movilizar recursos confucianos en la sociedad civil, lo que requeriría fortalecer el contenido religioso del confucianismo; **2.** Definir y construir la posición especial y la influencia de la religión confuciana desde el punto de vista de la «religión civil». ¿Podría pedirle que explicara un poco más esta estrategia «de abajo hacia arriba» y el pensamiento que la sustenta?

CM: Nuestro «país» actual es una «República de cinco nacionalidades», un país moderno y pluralista, no sólo el país de la etnia Han. Imponer la religión de una etnia particular como religión nacional a través de la política o del poder estatal era algo que Kang Youwei no podía hacer en ese momento, y es aún menos posible para la gente que haría lo mismo ahora. El grupo que corresponde a este país no son los Han como grupo étnico, sino los ciudadanos de la República China. La igualdad de cada etnia o grupo es la base jurídica y moral de la República China, y su mayor sabiduría política.

Desde una perspectiva histórica, el confucianismo claramente poseía esta posición política transétnica en la historia china, como se ve en la estructura de Tian'anmen, con el Taimiao 太庙 a la izquierda y el Shejitan 社稷坛 a la derecha, y en los edictos imperiales que comienzan con «ordenado por el cielo 奉天承运», o las omnipresentes placas Ming-Qing con la inscripción «cielo, tierra, gobernante, padre, maestro 天地君亲师» encontradas en lugares de sacrificio confuciano. Los emperadores de la etnia Han lo hicieron de esta manera, al igual que los emperadores de otras nacionalidades. Los *registros de la gran rectitud resolviendo la confusión*, el argumento del emperador Yongzheng 雍正 (r. 1723-1735) sobre el tema era el 大义觉迷录. Por decir algunas palabras al respecto, Yongzheng promulgó el edicto imperial en el sur para popularizar el uso del mandarín, y si bien dijo que el propósito era «fomentar las costumbres de respetar el Camino» y «gobernar a los súbditos en su lengua materna 同文之治», de hecho su objetivo era fortalecer la comunidad política. Como puede ver, explicar el confucianismo a través del concepto de «religión civil» es obviamente posible y necesario. A medida que revivimos y reconstruimos el confucianismo hoy, nuestro objetivo debe ser claramente establecerlo como una «religión civil». Por lo tanto, debemos comenzar desde este objetivo y desde las características o condiciones que posee el confucianismo.

CYZ: ¿Qué significa «religión civil»?

CM: La «religión civil» se refiere en realidad a una *función* o a un papel. Para desarrollar esta función o para alcanzar este papel, es necesario que la base del *confucianismo sea una religión*, de lo contrario es impensable. Por eso, lo primero que hay que hacer es reconstruir el «confucianismo como religión». En mi opinión, los puntos importantes aquí son, en primer lugar, localizar y consolidar nuestra propia base social, en segundo lugar, mejorar las opiniones del confucianismo sobre la vida y la muerte individuales, y sobre los argumentos relativos al alma. Así pues, la primera tarea tiene que ver con la sociedad moderna, y la segunda tiene que ver con el fortalecimiento de los eslabones débiles de nuestra propia teoría y práctica. *Esto significa que tenemos que hacer que el confucianismo sea un poco más «diluido».*

En concreto, una cosa que hay que abordar es cambiar la noción de «diferencias entre chinos y bárbaros 华夷之辨», y otra es la cuestión de *la importancia que se concede a la individualidad*. El confucianismo postula que el cielo es el origen de todas las cosas y también contiene la idea de que todas las cosas regresan al cielo, pero esta idea permanece desconocida, tal vez porque Confucio dijo: «sin conocer la vida, ¿cómo podemos saber acerca de la muerte?». Pero esto no satisface las necesidades de la gente y explica por qué el confucianismo decayó tan rápidamente con la abolición del sistema de exámenes y el fin de su vínculo con la política. Pero el éxito del Yiguandao y otros tipos de confucianismo en Taiwán y el sudeste asiático tiene mucho que ver con las promesas que estos grupos hacen sobre cuestiones de vida y existencia. Después de examinar a estos grupos, creo que es posible utilizar documentos históricos, creencias populares y el ejemplo del Yiguandao para tratar de reestructurar el confucianismo. Solo cuando hayamos logrado esta base tendrá sentido hablar de establecer el confucianismo como una «religión civil».

CYZ: Usted dice que la «religión confuciana» debería mejorar sus posturas sobre la vida individual y las cuestiones de la vida, la muerte y el alma, ¡aunque admite que estos no son los puntos fuertes del confucianismo! Por un lado, parece un confucianismo débil, «reducido», pero al mismo tiempo parece que necesita «densificar» la religiosidad del confucianismo. Y a medida que se mueve entre «denso» y «fino», su idea del «confucianismo como religión» parece convertirlo en una especie de religión popular. Sin embargo, en un sistema plural de religión popular, tanto el budismo como el taoísmo tienen más influencia que el confucianismo. Si la «religión confuciana» ya tiene dificultades para convertirse en la fuerza principal en la(s) religión(es) popular(es) del pueblo chino, ¿cómo va a tomar el camino de la religión popular para alcanzar el estatus de religión civil?

CM: «Denso» o «fino» tiene que ver con las relaciones entre el confucianismo y otras religiones o su compatibilidad con otras religiones. La mejora vendrá desde dentro. Lo que usted ha dicho es correcto: «el confucianismo como religión» se acerca mucho a la «religión popular». Pero la noción de religión popular no significa que su impacto sea leve, ni que su teoría u organización sea descuidada o imprecisa. Para repetir lo que ya he dicho, el confucianismo evolucionó a partir del chamanismo y estuvo íntimamente vinculado a la vida social del grupo, produciendo directamente un sistema de rituales y música. Pero en última instancia llegó a vivir o morir como política. Después de Dong Zhongshu, se ignoró la base profunda del confucianismo, lo que en última instancia llevó a la pérdida de su base existencial a medida que la política cambiaba. Ahora bien, si admitimos nuestro error y comenzamos de nuevo a forjarnos un nicho, es perfectamente posible.

En cuanto a lograr la posición de una religión civil, esto no depende completamente de algo tan grande como «el confucianismo como religión». La influencia del confucianismo como religión popular es muy débil en Taiwán. Por supuesto, «débil» es un concepto relativo, porque una característica de la religión china es que está difundida. Pero ¿qué puede compararse con la posición del confucianismo en la esfera pública? En otras palabras, el confucianismo no es simplemente una religión popular, sino una constelación, un grupo de religiones populares. Predigo que bajo el sistema de gestión religiosa en el continente, es totalmente posible que el nombre del grupo confuciano más grande ni siquiera tenga el carácter de «confuciano». Ni la Religión Tres en Uno 三一教, el Yiguandao 一

贯道, ni el Dejiao 德教 en el sudeste asiático contienen el carácter de «confuciano», pero todos pertenecen a la religión confuciana en términos generales.

CYZ: Hace unos minutos también mencionaste cambiar la noción de «diferencias entre chinos y bárbaros 华夷之辨».

CM: Liang Qichao 梁启超 (1873-1929) también pensó en cómo unir a las diversas etnias que los manchúes habían incluido en su territorio. No se puede equiparar al «pueblo americano» con los anglosajones, los afroamericanos o los nativos americanos, el «pueblo chino» no es lo mismo que los han, los manchúes, el tibetano u otros grupos. La República China no es la simple suma de 56 nacionalidades, sino una síntesis orgánica, basada en principios constitucionales y en las identidades combinadas que cada etnia aporta en función de su propio trasfondo cultural.

El concepto central, o el constructo ideológico, correspondiente al pueblo americano, al estilo de vida americano o al espíritu americano, no es la historia y la tradición internas de un grupo en particular, sino más bien el reflejo de una realidad existencial que trasciende a todos los grupos. Su contenido está limitado por la política y la ley, pero la cultura sigue siendo una parte organizada de ella, y su propia forma existencial solo puede ser algo de naturaleza cultural. De manera similar, el «confucianismo *como religión civil*» es un elemento que configura la comunidad política de China, una autocomprensión y una expresión de su estatus político-legal y de los discursos que la acompañan. Aquí, por «discursos que la acompañan», me refiero a cosas como una comprensión común o el «bien común». Estos están vinculados internamente a la cultura de los grupos, algo nuevo que es parte de esa cultura pero no está totalmente subsumido en ella, algo que corresponde a la experiencia sintética de cada individuo en el tiempo y el espacio, algo que debe ser cultivado y construido. En este sentido, el trabajo que le corresponde a la cultura es tan importante como el que involucra la política y el derecho. Y como el más grande de los 56 grupos o nacionalidades de China, los Han deberían asumir aún más responsabilidad, y deberían poseer no sólo un sentido autoconsciente de la *identidad china, sino también dejar atrás el chovinismo Han* y contribuir como líder *a la construcción de la conciencia del pueblo chino.*

Lo que estoy diciendo es quizás más fácil de entender en el contexto del surgimiento del cristianismo a partir del judaísmo, la posterior Reforma protestante y el desarrollo del protestantismo como religión civil en los Estados Unidos. En primer lugar, veo la separación del cristianismo del judaísmo como *la separación de la creencia de un grupo particular.* Y la Reforma protestante fue *una respuesta al cambio social.* Y el logro del estatus de religión civil por parte del protestantismo en los Estados Unidos fue el resultado de los cambios ya discutidos.

YZQ: Chen Yizhong le preguntó cuál es su definición de «religión civil». ¿Qué papel le atribuye? Siento que aún no ha sido del todo claro.

CM: La religión civil tiene dos funciones. En primer lugar, establece una base de valores para la política, estableciendo una legitimidad política y un conjunto de límites para esa legitimidad. En cierto sentido, esto fue lo que hizo Dong Zhongshu. En otras palabras, impulsó el «confucianismo como religión» hacia la posición de «religión civil». *Establecer una base de valores para la política,* ésa es la primera función.

La segunda función es social, en la vida de la nación, y consiste en proporcionar una base integrada para la identidad intelectual y cultural, *moldeando y dando forma a la conciencia del pueblo chino.*

Por supuesto, como abogo por empezar con el confucianismo, es difícil evitar sospechas de chovinismo Han. Los cristianos podrían preguntar: ¿por qué tomar el confucianismo como religión civil? ¿Por qué no el cristianismo? Mi respuesta es que los Han siguen siendo la mayor parte del pueblo chino. Además, la plasticidad del confucianismo como religión es mayor que la del cristianismo. El cristianismo es una religión basada en Dios, y sus contradicciones con el Islam son más difíciles de resolver.

CYZ: Permítame intentar resumir sus principales puntos de vista. Usted critica la idea de establecer el confucianismo como religión nacional, diciendo que este «enfoque de arriba hacia abajo» es inviable. Usted dice que el confucianismo debería dedicarse a convertirse en lo que usted llama una «religión civil», y enfatiza su naturaleza transétnica y su papel fundacional en el espacio público. Por un lado, usted espera que el «confucianismo como religión» pueda desarrollarse en la sociedad mediante el fortalecimiento de su discusión sobre la vida individual, así como sobre cuestiones relativas a la vida, la muerte y el alma, y sobre esta base espera además que el confucianismo pueda desempeñar el papel de lograr una «integración nacional» transétnica, y así disfrutar de la posición e influencia de una religión civil. Usted sostiene que el «confucianismo como religión civil» debe superar la idea de que existen «distinciones entre chinos y bárbaros», y adaptarse a los cambios de la sociedad moderna. ¿Es este el panorama general?

CM: Sí.

La religión confuciana como «religión civil»

CYZ: ¿Por qué la expresión «religión civil»? Para Rousseau, el objetivo de la «religión civil» era producir una ciudadanía sumamente homogénea. No sólo se hacía hincapié en la unidad, sino que incluso había valores militares en juego, todo lo cual parece estar en conflicto con las sociedades pluralistas de la modernidad.

CM: ¿Por qué «religión civil»? En primer lugar, porque no me satisface la manera en que académicos como Ren Jiyu 任继愈 (1916-2009) y He Guanghu 何光沪 (n. 1950) utilizan el cristianismo como un estándar para describir el confucianismo. El confucianismo es una religión, pero esto no significa que sea el mismo tipo de religión que el cristianismo. Quiero demostrar este punto y evitar discusiones teóricas tediosas para poder discutir las funciones del confucianismo de manera bastante sucinta, lo que nos permitirá entender sus características especiales de manera clara y directa.

Mi comprensión y uso del concepto de religión civil se acercan más a lo que encontramos en los análisis de Robert Bellah sobre la sociedad estadounidense. La nación se construye sobre una base social, y la sociedad es una comunidad, con sus valores, ideales, emociones y discursos que la rodean. Las teorías que construyen el Estado sobre la base de individuos atomizados son, de hecho, poco más que suposiciones lógicas, y cualesquiera que sean los significados positivos que les atribuyan, no son más que un punto de referencia.

La idea de Fei Xiaotong 费孝通 (1910-2005) del pueblo chino como «una entidad plural 多元一体», con unidad política y pluralismo cultural, tiene muchos elementos positivos, pero sigue existiendo la cuestión de la falta de conexión entre política y cultura. Dentro de la gran carpa de la unidad política o de una constitución, las fronteras culturales entre las 56 nacionalidades siguen siendo claras, lo que preserva y fortalece el sentido del tiempo y la memoria de cada grupo. Sin embargo, ¿no deberíamos, desde una perspectiva espacial, reflexionar sobre la posibilidad de crear una nueva conciencia cultural sobre la base de esta comunidad política? Esta comunidad es nuestro espacio vital y se convertirá en su propia historia y en una nueva cultura, siguiendo la evolución de esta vida. Seguramente sería natural ver la «conciencia nacional» como una parte organizada de esta nueva cultura. *Bellah sostuvo que «en cualquier sociedad con una estructura política existe algún tipo de religión civil». Así es también como entiendo la conciencia nacional china.*

El respeto constitucional al pluralismo social no excluye la orientación en términos de desarrollo cultural, del modo de estimular la interacción mutua positiva entre cultura y política, entre entidades culturales y entre individuos. En el pasado, Sun Yat-sen tuvo mucho que decir sobre la cuestión de forjar una cultura plural y una política unitaria. Pero el incidente del 5 de julio en Xinjiang y el anterior incidente del 14 de marzo en el Tíbet parecen sugerir que la integración étnica y la formación del pueblo chino están en sus comienzos, y uno podría incluso decir que el desafío es grave. El problema es tanto político como cultural, un ejemplo contemporáneo de las tensiones duraderas en la relación entre las culturas agrícola y ganadera.

«El confucianismo como religión civil» y «el confucianismo como religión» no son lo mismo. «El confucianismo como religión» es importante en el contexto de la historia y de los Han y otros grupos que reconocieron el confucianismo. El confucianismo como religión civil es importante en el contexto de un pueblo que formará una comunidad política. El primero es temporal, el segundo espacial. Hacer la transición o el salto entre lo temporal y lo espacial requerirá *una versión muy fina del confucianismo*, una que pueda vincularse con otras religiones así como con los valores modernos. Cuanto más suaves sean los vínculos, mayor será la posibilidad de que se establezca [el confucianismo] y mejor será el resultado. Cuando hablo de superar la idea de las «diferencias entre chinos y bárbaros», me refiero a la religión civil.

CYZ: Sobre la cuestión de las relaciones entre los Han y los tibetanos o entre los Han y los uigures, ¿cómo fomentará el «confucianismo como religión civil» la armonía y la justicia étnicas? Hay quienes dicen que la armonización de las relaciones entre los han y los tibetanos o entre los han y los uigures no es simplemente una cuestión de las opiniones unilaterales de los intelectuales han, sino que también requiere escuchar la opinión del «otro».

CM: Se trata de una cuestión política y cultural. El marxismo y el liberalismo tienen un punto en común, y es que ninguno de los dos se toma en serio las cuestiones de nacionalidad o etnicidad. Uno ve al hombre en términos de su existencia de clase, el otro en términos de su existencia individual. Este reduccionismo puede tener un punto positivo, y es que deja la resolución de las cuestiones étnicas a la política o al derecho. Sin embargo, el aspecto cultural de la cuestión es real, y no podemos reducir la totalidad del problema a la política o al derecho. Estoy completamente de acuerdo con su idea de «respetar al otro». Mi oposición a la idea de una religión nacional es sin duda una prueba de mi «respeto por los demás», ¿no es cierto?

En el contexto de otras religiones, la versión confuciana es relativamente débil. Históricamente hablando, el confucianismo prestó comparativamente más atención a la sociedad. La idea original del confucianismo, extraída del chamanismo, de la unidad del cielo y el hombre, y su creencia en el cielo, entendían el culto desde la perspectiva de la vida, todo lo cual es bastante aceptable en un contexto politeísta. La idea del confucianismo de que «lo que no quiero que los demás me hagan, no quiero hacérselo a los demás 己所不欲，勿施于人» tiene el estatus de Regla de Oro. Todas estas son ventajas en los esfuerzos del confucianismo por alcanzar y desarrollar el estatus de religión civil. A medida que aumenta la conciencia nacional, puede afianzarse una integración étnica orgánica, y una mayor integración étnica seguramente conducirá a una mayor armonía en las relaciones étnicas.

CYZ: Sin embargo, debe admitir que cuando señala la debilidad del confucianismo al argumentar que su naturaleza religiosa debe ser fortalecida, está hablando de dos aspectos diferentes: el primero es un «es» y el segundo es un «deber». Una de sus referencias para este último «deber» («deberíamos fortalecer los argumentos del confucianismo sobre la vida, la muerte y el alma») es el Yiguandao, y otra es el protestantismo. ¿Podemos reducir su teoría de la religión civil al «protestantismo en América?»

CM: La debilidad del confucianismo en cuestiones de vida y muerte es resultado de factores históricos; después de Dong Zhongshu, los taoístas y los budistas abordaron estas cuestiones. Pero sigue habiendo un espacio lógico dentro del confucianismo para la discusión de estas cuestiones. Simplemente requiere activación. No se trata de una cuestión de «es» y «deber». Nuevos movimientos religiosos surgen todo el tiempo. ¿Por qué no pueden crecer nuevas ramas en el viejo árbol del confucianismo?

Permítame señalar también que mi referencia no es el protestantismo, *mi referencia es América*. Estados Unidos es un gran crisol de culturas, donde diferentes grupos étnicos se unieron razonablemente bien para formar la nación estadounidense, de la que surgió el estilo de vida y el espíritu estadounidenses. Japón es una nación monoétnica, y su religión civil básica debería ser el sintoísmo, que se construyó a la fuerza [en contraste con la naturaleza relativamente orgánica de la experiencia estadounidense]. Esto ilustra que hay muchos ejemplos de religión civil. Hay diferencias obvias entre los ejemplos japonés, francés, chino y estadounidense.

CYZ: Observé que parece estar preocupado por el desarrollo del protestantismo en China. Si sumamos los miembros de la Iglesia de las Tres Autonomías a los de las iglesias clandestinas, entonces hay entre 60 y 80 millones de protestantes, si no más. ¿El confucianismo, como religión civil, aceptaría e incluiría a estos «no confucianos»? ¿O los consideraría como «contaminación occidental»?

CM: No se los suprimiría, sino que se los integraría. Podríamos crear consenso. Mi punto de vista es que el carácter cultural de la nación china seguiría siendo confuciano en su base, y a eso es a lo que estoy dedicando mis esfuerzos. Pero no creo que esto conduzca a una opresión religiosa. Establecer una religión nacional podría hacer que otros grupos se sintieran incómodos, pero la idea de una religión civil no debería hacerlo.

El problema de la iglesia clandestina está relacionado con la política estatal sobre religión y con la iglesia de las *Tres Autonomías*, pero no tanto con el confucianismo. Además, mientras algunos de mis amigos protestantes se oponen al confucianismo, muchos otros creen que hay espacio para la integración y la armonía. Es natural que haya tensión entre diferentes dioses, pero tensión no significa conflicto.

La cuestión de la «contaminación occidental» es complicada y está relacionada con cuestiones de estatus e identidad cultural y política. Fueron los estadounidenses quienes idearon el «choque entre civilizaciones» y el «poder blando», lo que significa que no son meras abstracciones. Y si se analizan las cosas históricamente, los factores políticos, económicos e incluso militares se arrastran a la plataforma religiosa. En mi opinión, todo esto es una simplificación excesiva, o demasiado estúpida, demasiado vacía o demasiado siniestra.

Siempre he visto a Sun Yat-sen, Chiang Kai-shek, Feng Yuxiang 冯玉祥 (1882-1948), Zhang Xueliang 张学良 (1901-2001), y Wang Jianxuan 王建煊 (nacido en 1938) como pruebas de que no hay conflicto entre ser cristiano y ser chino. Los confucianos deben cambiar su actitud y aceptar a quienes tienen posiciones culturales, políticas y jurídicas que no son exactamente las mismas que las suyas. Esto no está en contradicción con que el confucianismo se convierta en una religión civil, y en cambio facilitará el desarrollo de esta conciencia y el logro de este objetivo. En la construcción cultural de la «unidad de las tres enseñanzas» [bajo las dinastías], el confucianismo pretendía «gobernar el mundo». Esto ilustra que la función principal del confucianismo reside en la esfera pública.

CYZ: Su teoría se basa en las teorías de la modernidad de Bellah, así como en el funcionalismo estructural. En cualquier caso, lo que usted considera más importante parece ser el papel de la «integración nacional».

CM: Es cierto que mi trabajo es estructural-funcionalista y valoro la integración nacional. Pero en mi opinión, la nación y el estado son ambos conceptos positivos, en otras palabras, estoy hablando de naciones y estados legítimos, es decir, aquellos que *incluyen valores modernos en cuanto a derechos, ciudadanos y leyes, como los que enfatizan las democracias liberales.* En el fondo, la «religión civil» tiene que ver con *el consenso y el bien común*, el mayor denominador común de cualquier organismo social o cultural. Un país, o el mundo, deben tener una base, y esa base debe estar formada por valores, que, a su vez, se basan en creencias y, por lo tanto, son religiosos. Mi esperanza es que el confucianismo pueda apoyarse en las contribuciones que ha hecho en el proceso de construcción nacional para alcanzar el estatus de religión civil.

La religión civil que imagino contendrá puntos de vista y valores que los budistas, musulmanes y cristianos puedan aceptar, como la «virtud desbordante 生生之德», la «conciencia celestial 生生之德», así como la armonía y el amor 仁爱[33]. Se trata de ideales y valores, así como de declaraciones de consenso y sentimientos. Por supuesto, los puntos de vista y valores de cristianos, musulmanes y otros también pueden integrarse en esto. La idea del «confucianismo como religión civil» no es otra cosa que decir: ¡en nuestra religión civil, el confucianismo ocupa un espacio intelectual comparativamente ma-

---

[33]Conceptos básicos que subyacen a toda la civilización china y que encuentran ecos fuera del confucianismo y fuera de China.

yor! La religión civil es ligera por naturaleza; su característica es la de una síntesis global, con relativamente poco contenido interno pero una considerable capacidad para expandir y absorber ideas de otras religiones.

CYZ: Lo que usted propone parece apuntar hacia una especie de identidad nacional con el confucianismo como base cultural.

CM: Puedo aceptarlo. No niego que al presentar mi argumento sobre la religión civil, espero que la tradición confuciana pueda lograr una mayor influencia en la entidad plural que es China. Pero lo que quiero destacar es que esta religión civil basada en el confucianismo debe trascender la etnicidad de grupos étnicos particulares. En este caso, lo que debería guiarnos son los sentimientos comunitarios y la experiencia compartida en común; los elementos culturales y las narraciones históricas pueden ser útiles como referencias complementarias. En comparación con otros recursos a los que podríamos recurrir, el confucianismo es claramente más abierto que el cristianismo, el islam, el budismo o el taoísmo, lo que significa que también debería ser más competitivo. La gente de estas otras religiones puede no pensar así, pero esa es mi opinión, que estoy dispuesto a discutir.

YZQ: Reconstruir el confucianismo en la forma en que usted lo está planteando implica dos procesos. Uno de ellos es la reconstrucción del propio confucianismo, después de lo cual viene el segundo, que es la idea de proporcionar un apoyo espiritual a un país moderno todavía en formación. Son dos misiones diferentes, pero parece que usted espera cumplirlas todas a la vez.

CM: Pienso en la reconstrucción del confucianismo en dos niveles, es decir, «el confucianismo como religión» y «el confucianismo como religión civil», y subrayo la importancia y la orientación de *«alcanzar en última instancia el objetivo y la función de la religión civil»*. Esto se debe a que si el confucianismo no puede desarrollar esta capacidad, entonces, si bien no carecerá de sentido, su sentido será limitado.

YZQ: En mi opinión, existe un grave conflicto entre estas dos tareas u objetivos. Para reconstruir el confucianismo hay que hacerlo «denso». Pero si también se quiere proporcionar un estado moderno con valores universales, entonces el confucianismo necesita ser «suave», de lo contrario no puede cumplir este último papel.

CM: Es cierto. Pero, en mi opinión, si el confucianismo no puede servir como religión civil en la construcción de un Estado moderno, si no puede desempeñar un papel en la formación de la conciencia nacional china, entonces, por muy «espeso» que sea el confucianismo como «religión», su importancia será mínima. En la era Tang, había una concordancia de tres religiones: el confucianismo gobernaba el mundo, el budismo gobernaba el corazón y el taoísmo gobernaba el cuerpo. «El confucianismo gobernaba el mundo» significa que el confucianismo se preocupaba más por los asuntos públicos y tenía más influencia en ese ámbito. En la actualidad, el confucianismo necesita, de hecho, abordar sus deficiencias y prestar más atención a la mente, el cuerpo y los asuntos del alma, después de lo cual puede recuperar su lugar en la sociedad. Pero debe fijar absolutamente su mirada en esta posición como «religión civil» y prestar atención a la interfaz y a los espacios necesarios para esta conexión. De lo contrario, es el proyecto de hacer del confucianismo una religión nacional lo que espera matar dos pájaros de un tiro, o incluso combinar las dos tareas en una. ¡Yo no!

En primer lugar, veo una clara división entre el «confucianismo como religión» y el «confucianismo como religión civil». La idea del confucianismo como religión está dirigida a los *chinos han o a los creyentes en el confucianismo*, con la esperanza de que el confucianismo pueda funcionar como un sistema religioso completo en la vida espiritual de estos creyentes. La idea del confucianismo como religión civil está dirigida al *pueblo de la República China*. Esto se basa en valores y argumentos extraídos del confucianismo como religión, pero los despliega en la esfera pública.

En segundo lugar, admito que el «confucianismo como religión» tiene sus propias particularidades, pero al mismo tiempo es una especie de religión «débil», con muchos defectos, por ejemplo, carece de su propio sistema organizativo y presta muy poca atención a las cuestiones del alma, la vida y la muerte, etc.

Finalmente, en mi opinión, en lugar de decir que deberíamos revivir el confucianismo, deberíamos decir que reconstruiremos el confucianismo, y lo haremos desde la perspectiva del lugar que ocupa una religión civil en un orden social. Necesitamos usar lo imaginado para crear lo real, una religión civil imaginada para crear una religión real. Necesitamos entender este proceso como vinculado con el del desarrollo y la transformación de la nación, y como una parte importante y organizada de este proceso. Aquí en Taiwán, descubrí que el «confucianismo como religión» no es tan floreciente y no se puede comparar con el budismo o el taoísmo. Pero las raíces del confucianismo se encuentran en el corazón de todos, lo que asegura el lugar del «confucianismo como religión civil» y sirve como base para su amplia influencia. Esto me lleva a tener más fe en mis propias ideas.

De la esencia china y la función occidental a «Revelar la esencia a través de la función»

CYZ: Usted propone «revelar la esencia a través de la función», pero ¿qué es «función», porque no parece evidente? Usted considera que ciertos problemas actuales son importantes, como el Tíbet, Xinjiang y Taiwán. Por eso, usted subraya que los confucianos (o el confucianismo) deben ser «útiles» para construir la conciencia nacional de China y su estado moderno. Pero hay muchos tipos de problemas contemporáneos y no todos juzgan su importancia de la misma manera.

CM: Permítame aclarar primero algunas cosas sobre mi idea de «revelar la esencia a través de la función». Esta idea de «revelar la esencia a través de la función» surgió de mi compromiso con la conocida fórmula modelo «esencia china, función occidental». «Esencia china, función occidental» fue un plan, lanzado por un grupo de académicos y funcionarios cuando la cultura occidental entró en China, para abordar el problema de la relación entre la tradición confuciana y la cultura occidental. Esta fórmula evolucionó a partir de otra (China primaria, Occidente auxiliar 中主西辅) y la razón por la que la primera reemplazó a la segunda para convertirse en la opción de consenso fue que «forma y función», además de la idea de «primario y secundario», también contenía la noción de «lo básico y lo no esencial 本末». Por lo tanto, la fórmula sirvió como una explicación teórica o prueba sobre si la cultura china u occidental era primaria o secundaria. El argumento general era que la cultura china se ocupaba de principios éticos y, por lo tanto, era espiritual. La cultura occidental hablaba de buques de guerra y armas y, por lo tanto, era material. Las preocupaciones espirituales son básicas, las preocupaciones materiales son cuestiones de detalle. Por supuesto, esto es una simplificación, pero proporciona una explicación teórica y, en su momento, se ajustaba a los deseos de la mayoría. Por estas razones, «esencia china, función occidental» alcanzó su posición histórica y su amplia influencia. Al igual que *los Anales de primavera y otoño* de Confucio, *la Exhortación al estudio de la teoría de la relatividad* de Zhang Zhidong (1837-1909) era a la vez cultural y política. En mi opinión, «esencia china, función occidental» funcionó primero como un tipo de comportamiento y luego como una forma de pensar. Y la razón por la que este pensamiento y comportamiento deben ser afirmados es que hay una suposición consciente detrás de ellos respecto de *la agencia china*. Mi idea de «revelar la esencia a través de la función» es hacer que este punto esencial se destaque más claramente y agregar mi propia explicación.

La «esencia» en «revelar la esencia a través de la función» se refiere, en un sentido ontológico, al núcleo de todos los seres vivos 天地生物之心; en la cultura humana, se refiere al corazón real 王心 que el sabio, encarnando el cielo, crea. Este es uno de los conceptos de Dong Zhongshu, su idea del rey. En la mente de Dong, el rey no tenía forma, no dejaba rastro y no hablaba, entonces, ¿cómo hablaba el cielo a través de él? El significado del cielo se ve en todas las cosas del mundo, como en la expresión «primavera, verano, otoño e invierno, viento, lluvia, escarcha y rocío, hay enseñanzas en todos ellos». Solo podemos verlos a través de sus funciones. Esta «función» debe usarse o experimentarse primero como un verbo o como un gerundio, solo después de lo cual vienen nuestras ideas de la efectividad, los resultados, las situaciones y las consecuencias producidas. La experiencia es siempre contextual, intencional, con efectos resultantes. Esta «función» como «resultado» está decidida por intenciones y objetivos; por el contrario, la intencionalidad misma sólo puede «aparecer» a través de este tipo de «actividad» y «uso». El *sabio*, la mayor personalidad confuciana, recibe el mandato del cielo 奉天而行, toma toda la vida como virtud 以生生为德, toma la benevolencia como su corazón 以仁为心, se completa a sí mismo y completa a los demás, uniéndose a la transformación 成己成物参赞化育, y por esta razón, su «función» es primero la del «desarrollo 发用». Si se entiende esto desde un punto de vista pragmático hay una cierta superposición [con la otra idea de «función»], pero esto es una vulgarización y no podemos aceptarla.

La razón por la que la «función» no es clara en sí misma es porque la intencionalidad en sí es abstracta y sólo adquiere forma concreta cuando se realiza en circunstancias particulares. Para decirlo de forma sencilla, existe la «función» de una persona, la «función» de un momento, y luego hay «funciones» que son universales y eternas. Así, el confuciano intenta involucrar a la mente y lograr la paz para todos los tiempos. En nuestra era de intereses divididos y sociedades plurales, el confuciano respeta, por un lado, el dictamen «lo que no deseas para ti, no se lo hagas a los demás», y por otro debe buscar el justo medio, el punto de equilibrio entre intereses en pugna.

CYZ: Su esperanza es vincular los principales temas contemporáneos con el confucianismo y, mediante el desarrollo de la «función» confuciana, ilustrar su valor. Su idea de «realizar la esencia a través de la función» debe, de hecho, prestar atención a ambas, y en cualquier caso, la propuesta puede ser decidida por factores que no están bajo su control.

CM: Tienes toda la razón. Y por eso, aunque lo que hago es pragmático y constructivista, el lado constructivista es más fuerte, y ese es mi punto de vista y método básicos. Si nos limitamos al pragmatismo, entonces los ángulos morales y de valores pueden terminar siendo sacrificados. Cuando el confucianismo habla de establecer la virtud, de construir una vida para la humanidad, esto es abstracto pero real al mismo tiempo. A medida que avanzas hacia una meta, los pasos que das están naturalmente próximos entre sí. Entonces, ¿por qué no deberíamos hablar de resultados?

No es nacionalismo cultural ni universalismo chino

CZY: En los últimos años, el auge económico de China ha provocado una nueva ola de nacionalismo, acompañada de todo tipo de nacionalismo cultural y nacionalismo económico. ¿Dónde te ves a ti mismo en todo esto? ¿Eres un nacionalista cultural 文化国家主义?

CM: No, no soy ese tipo de nacionalista. Quiero recalcar que *la razón por la que quiero abandonar ideas como la de «la distinción entre chino y bárbaro» es básicamente porque el chovinismo cultural y el nacionalismo cultural implícitos en términos como «bárbaro» están fuera de lugar y no son viables en la sociedad actual.* Una segunda razón relacionada es que, partiendo de principios como éstos, el resultado no es bueno; no corresponde a las ideas confucianas básicas ni mejora el bienestar del pueblo. Tanto el nacionalismo cultural como el chovinismo cultural toman la cultura como la esencia de un país o de un pueblo. Este tipo de esencialismo es, de hecho, un discurso ideológico, una metafísica. En mi opinión, es necesario llegar a un punto de equilibrio entre la idea *de los Anales de Primavera y Otoño* de «reverenciar *al emperador y expulsar a los bárbaros*» y la idea de «*diferencia racial* y cultural». La noción de «reverenciar al emperador y expulsar a los bárbaros» tiene sus raíces en ideas sobre la política y los intereses de la comunidad vinculados a esa política. Quienes propugnan el nacionalismo étnico deberían aprender algo de historia, lo que les impedirá acabar en el nihilismo y el absurdo históricos.

Hace poco di una conferencia en Guangzhou, en la que abordé la cuestión del confucianismo desde el punto de vista del pueblo/nación china. Dije que deberíamos oponernos al nacionalismo cultural, y la gente se puso inmediatamente en contra de mí. Una persona mencionó el *choque de civilizaciones* de Huntington y dijo que la Unión Europea era el resultado de una cultura común. Primero lo refuté con hechos: la comunidad cultural es mayor entre los países árabes, y luego viene lo que podríamos llamar la «China cultural», es decir, China, Corea, Japón y Vietnam. Pero ¿cuántas guerras se han librado entre estos países? ¡La más verde de las culturas verdes de Hoklo que aboga por la independencia de Taiwán es de hecho un descendiente auténtico de la civilización de las llanuras centrales! ¿Aún sostienen esa idea simplista de que la cultura es lo suficientemente fuerte como para existir como entidad política o para crearla? Las fronteras territoriales que son los cimientos sólidos de las naciones modernas tienen cierto sentido, aunque no siempre resistan el escrutinio, pero la historia siempre es así.

CYZ: Cuando hablabas de religión civil, insistías repetidamente en la importancia de una *identidad (cultural) que trasciende los grupos étnicos*. Ahora pareces estar defendiendo el otro lado, al oponerte a *las teorías que elevan el nacionalismo cultural*.

CM: ¡Pero aquí no hay ningún conflicto! Cuando los liberales hablan de política a través del velo de la ignorancia, cuando hacen de las personas una abstracción, eso está mal. Los deterministas culturales no pueden ver la necesidad de esta oclusión e insertan directamente la cultura en la política, lo que también está mal. Creo que deberíamos tener en cuenta ambas cosas. Por eso tengo reservas sobre el chovinismo cultural y el nacionalismo cultural. Cuando hablo con personas que sólo se preocupan por la política y el espacio público, hago hincapié en la importancia de la dimensión cultural.

La cultura y la política se entremezclan con la vida de manera compleja y ambas deben entenderse estructuralmente, no de manera sincrónica o unidimensional. Una no puede reducirse a la otra, una no puede reemplazar a la otra. Desde un punto de vista confuciano, insistimos en que la tradición de la ortodoxia moral 道统 es mayor que la tradición de la ortodoxia política 政统, y que la política debe tener una base moral. Pero desde una perspectiva contemporánea, también tenemos que respetar el principio de la división entre la Iglesia y el Estado, y admitir que cualquier cultura debe funcionar sobre la base de un marco legal.

En cierta ocasión, hice la siguiente crítica a Zhu Xueqin 朱学勤 (nacido en 1952): los liberales tratan a la comunidad política como si fuera una simple organización de individuos, pero la cultura de cada individuo no puede quedar completamente oscurecida por el velo de la ignorancia. Ahora hago una crítica a la idea de la «distinción entre chinos y bárbaros» desde otro ángulo: si cada grupo lleva su cultura a la vida política, el único resultado posible es la división y desintegración de esta comunidad política. Hace mucho tiempo, escribí un ensayo titulado «Investigar más, hablar menos sobre cultura 多研究些问题，少谈些文化», argumentando en contra de arrastrar la cultura a todo. En comparación con quienes llevan el chovinismo cultural y el nacionalismo cultural a los extremos, creo que deberíamos examinar la importancia fundamental de la política y los intereses. La cultura no es opcional, pero seguramente no es lo más importante.

Hablamos de la república de cinco pueblos y de querer que los manchúes, los han, los mongoles, los musulmanes y los tibetanos formen un país moderno. Para lograrlo, por supuesto, necesitamos un buen sistema, pero también tenemos que invertir nuestros esfuerzos en la construcción de una conciencia ciudadana. La construcción de una religión civil está haciendo el mismo trabajo, creando una cultura transétnica. En ausencia de esto, tenemos un sistema político unificado sin integración cultural, cada uno andando por ahí en sus propios grupos, y la base de esta política será extremadamente frágil.

CYZ: Recientemente, muchos comentaristas en el continente han estado hablando del universalismo chino (天下主义), el sistema de tributos, el imperio chino... Acabas de decir que abogas por abandonar la idea de la diferencia étnica 夷夏之辨 porque el chovinismo han inhibe la integración de la república china. Sin embargo, pareces aceptar el orden internacional actual y no hablas del universalismo chino, el sistema de tributos y el imperio chino.

CM: Visto desde fuera, sí, eso es cierto. Pero también hay una dimensión interna. *El universalismo chino, de hecho, tiene límites*, porque no se puede tener «todo lo que hay bajo el cielo» sin tener primero el cielo. El cielo tiene que tener un significado, como un espíritu o algo sagrado. Pero Jehová y Alá no están incluidos en nuestro cielo. Nuestro cielo es un todo orgánico y unificado construido a partir de la naturaleza, la rectitud, los valores y la voluntad. Jehová y Alá son espíritus absolutos que existían antes del comienzo del cielo y la tierra, y por lo tanto no comparten el mismo cielo con nosotros, así que ¿cómo podemos hablar de «todo lo que hay bajo el cielo»? Esto es un punto.

En segundo lugar, cuando hablamos de «todo lo que hay bajo el cielo», no hay duda de que esta teoría *supone que los chinos están en el centro*. Cada pueblo se considera a sí mismo como el centro, lo cual es comprensible. El problema es que cuando hablamos de «universalismo chino» en el contexto del sistema mundial y sostenemos que es un sistema más justo, entonces esto ignora primero el supuesto de nuestra propia centralidad, además de dar la espalda a la dinámica de poder que acompaña a esta afirmación. Las personas que promueven esta idea parecen no haberse dado cuenta de esto.

CYZ: Me parece que muchas personas se han dado cuenta de esto. Cuando hablan del universalismo chino, el sistema tributario y el imperio chino, lo que están promoviendo es el sinocentrismo y el imperialismo chino. ¿No es así?

CM: Lo sé. ¡Pero esto es peor! Tienes que conocerte a ti mismo antes de criticar a los demás, ¿no? 打铁先要自身硬，你现在吃几两干饭. El mundo post-OMC es de hecho un imperio, con un solo centro, que es Estados Unidos. ¿El tributo va a los Estados Unidos o a China? Sus propias leyes y poderes no son respetados y no pueden mantener sus propias reservas extranjeras. ¿De qué están hablando? Escuchar esto me hace pensar en Murong Fu 慕容复 de Jin Yong.

YZQ: En realidad, la idea detrás de hablar sobre el sistema de tributos era la misma que en la discusión sobre el universalismo chino. Todas estas personas pensaban que el pueblo chino ya había inventado una organización más civilizada que el orden mundial existente.

CM: Eso es correcto. Esto es contra lo que estaba argumentando. La política no es ciencia, sino más bien como el arte de jugar al ajedrez. Todas estas personas brillantes parecen simplemente intelectuales en este caso. ¿Quizás están tratando de conectarse con los círculos académicos internacionales? En realidad, he estado prestando atención al sistema de tributos durante mucho tiempo. En 1997 leí el primer libro de Huang Zhilian 黄枝连 (Huang Chih-Lien, n. 1939) sobre el tema en Macao. Se trataba de una cuestión de estrategia, y tenía el sentido que tenía. Pero la cuestión es: ¿cómo está organizado el mundo? ¡De acuerdo con el poder y los intereses! ¿Qué cartas tienes ahora? ¿La virtud o la sabiduría? Puede que no sea inútil, pero no sirve de mucho. Una cosa es fingir ser estúpido, pero no hay cura para la verdadera estupidez.

CYZ: Hay quienes sostienen que con el ascenso de China, es hora de reemplazar al imperio estadounidense, y China no fracasará como lo hicieron Alemania y Japón. ¿No eres partidario del sueño del gran imperio chino?

YZQ: En este punto, las inclinaciones liberales de Chen Ming son muy claras. Una de sus premisas básicas es que China aún no ha construido un país completamente moderno. La gente que habla del imperio chino cree que China ya es grande, y la cuestión ahora es poner a otras personas en su lugar. En realidad, Chen es aún más claramente confuciano en este frente, porque los confucianos generalmente solo prestan atención a la gestión de los asuntos internos y tienen poco interés en los asuntos externos.

CM: Es cierto. Soy un nacionalista muy liberal, pero me preocupan los asuntos externos, como el Mar de China Meridional y el Tíbet meridional. Por eso sé que, aunque seamos grandes, no somos fuertes y que hay incidentes por todas partes que nos impiden mantener la coherencia.

Qiu Feng 秋风 (Yao Zhongqiu) dice que los confucianos normalmente sólo se preocupan de los asuntos internos y que básicamente no les interesa el mundo exterior. Puede ser, pero en mi caso no es así. En mi opinión, las cuatro dimensiones de lo universal, lo nacional, lo social y lo individual existen todas en un sentido verdadero y todas merecen la misma atención. Qiu Feng solía prestar atención sólo a lo universal y lo individual, y más recientemente ha empezado a prestar atención a lo social, pero parece que no presta la debida atención a la conciencia nacional. No hace mucho dijo que era un confuciano de la escuela universalista china, mientras que yo era un confuciano nacionalista que predicaba que debemos «venerar al emperador y expulsar a los bárbaros». Encuentro bastante heroica la frase «Es en tierras extranjeras donde un héroe debe buscar renombre; ¿cómo puedo dejar que mi vida pase como un viejo ratón de biblioteca?», mientras que ratones de biblioteca como Jia Juanzhi 贾捐之 (¿? - 43 a.C.) me parecen pedantes. Si no puedes hablar sin mencionar la cultura, entonces eso es una señal de incompetencia. Algunas personas dicen que soy un «falso confuciano», pero no estoy de acuerdo.

Religión civil confuciana y democracia constitucional

CM: Defiendo el lema del *4 de Mayo*: Luchar por la soberanía en el exterior y los derechos del pueblo en el país 外争国权内争民权. Como país moderno, China debe luchar por sus intereses y protegerlos, cualesquiera que sean. En términos generales, los liberales [chinos] se preocupan más por cuestiones de equidad y justicia en el país, mientras que la Nueva Izquierda se preocupa más por cuestiones de imperialismo, y ambos suelen enredarse en estas preocupaciones y no se dan cuenta de otras. Yo soy diferente en el sentido de que presto atención a ambas, así como a dividir los intereses en grandes o pequeños, cercanos o distantes, y los problemas en menores o importantes, urgentes o menos urgentes.

CYZ: ¿Podría compartir sus críticas a los liberales chinos?

CM: Como acabo de decir, estoy en contra de dar a la cultura una posición decisiva, y por esta razón diferencio del fundamentalismo de

Jiang Qing. Al mismo tiempo, un país moderno no puede depender completamente de acuerdos institucionales o leyes para lograr la integración. Un país moderno también necesita una conciencia civil o una religión civil como mecanismo para proporcionar un sentido de identidad o pertenencia. Así que en este sentido también me diferencio de los liberales.

El «patriotismo constitucional 宪政爱国主义» del liberalismo tiene cierto sentido, pero deja completamente de lado todo lo que tenga que ver con la cultura, la sociedad o la historia. Los países constitucionales están formados por la suma de individuos atomizados, lo que se ha vuelto completamente vacío y poco realista. Toda comunidad política tiene su propia historia, que necesariamente produce ideas, conciencia y sentimientos correspondientes. Como ya mencioné, los estadounidenses poseen una forma cultural [que acompaña a su constitución], que es lo que Robert Bellah llamó religión civil.

Si los liberales eligen entender el confucianismo de una manera positiva, entonces me siento satisfecho, porque desde mi punto de vista el pensamiento confuciano y el liberalismo pueden coexistir fácilmente, particularmente el liberalismo clásico y la corriente comunitarista que encontramos en el liberalismo moderno. En un momento dado, me preocupé de si la base del confucianismo premoderno y la democracia y la ciencia, los valores de la modernidad, necesariamente entrarían en conflicto, que no había manera de reconciliarlos. Ahora creo que me estaba preocupando por nada. Inglaterra fue el primer país democrático, pero nunca experimentó una Ilustración como la de Francia y Alemania. Los reformadores religiosos como Lutero y Calvino no eran ingleses. En Inglaterra, lo importante fue la revolución industrial y la reconciliación de los intereses y las relaciones sociales. Las teorías de Weber [sobre el surgimiento del capitalismo] parecen totalmente ficticias. *Si existen valores universales, su raíz está en la naturaleza humana, y si sus raíces están en la naturaleza humana, entonces no estarán limitadas por las tradiciones culturales.*

CYZ: En su teoría de la «religión civil», *el confucianismo* se considera *la base cultural de la identidad nacional china*. En cuanto a la cuestión de la identidad nacional, los liberales están divididos. A algunos liberales les preocupa especialmente el nacionalismo estrecho y, por lo tanto, se mantienen alejados de expresiones más fuertes de nacionalismo. Sin embargo, otros liberales sostienen que una identidad nacional cohesiva no sólo es importante, sino necesaria.

En mi opinión, la razón por la que algunos liberales sospechan de la religión civil bien podría ser el resultado de un antitradicionalismo rígido y extremo. Pero algunos simplemente podrían no entenderlo. ¿Cuál es, finalmente, la relación entre lo que usted llama religión civil (o «religión civil confuciana») y la cultura civil o conciencia civil que exige el régimen constitucional liberal moderno?

CM: Me parece que la idea de cultura civil es demasiado vaga. No puede transmitir las profundidades de la conciencia nacional y, especialmente, no puede ayudar a lograr la integración de una comunidad política y de grupos culturales.

La comprensión que la gente tiene de los conceptos religiosos proviene del cristianismo, el budismo, etc., y aunque estas son religiones fuertes con una amplia influencia, esto no significa que sean los modelos para todas las religiones, y de hecho se podría decir que en el contexto de la religión mundial son minorías o incluso casos especiales. Mucho más universales son las religiones populares que surgieron del chamanismo, como es cierto cuando se observa en los escritos de Frazer y Eliade y cuando se observa en los documentos que hemos encontrado. Confucio dijo: «He seguido el mismo camino que los chamanes, pero lo he llevado a un destino diferente. Admiro su virtud 吾与巫史同途而殊归者也，吾好其德义也.» Cuando Confucio dice «su» se refiere al cielo. Confucio no estaba preocupado por los atributos o la voluntad de algún otro absoluto, sino que sentía una afinidad especial hacia aquello que inspiraba una gran virtud en él mismo. En este punto, el confucianismo construyó su discurso sobre lo sagrado, así como sus argumentos sobre el destino y la vida. Como la vida se desarrolla a partir del destino, debemos comprender el mandato del cielo, completarnos a nosotros mismos y completar a los demás, unir nuestra virtud a la del cielo y participar en la transformación, logrando la inmortalidad mediante la práctica de la virtud. La filosofía política de «cultivarse a sí mismo, poner la familia en orden, gobernar el país y traer la paz al mundo 修齐治平» está de hecho incrustada en este tipo de discurso religioso. Investigar las cosas y ampliar el conocimiento 格物致知 significa comprender la virtud desbordante del cielo y la tierra desde un punto de vista material, internalizar los propios objetivos de vida y ponerlos en práctica. Establecer este tipo de sistema discursivo confuciano puede sentar las bases para una religión civil confuciana y para la conciencia nacional china.

La descripción de Confucio de una buena política era «cuidar a los ancianos y apreciar a los jóvenes y actuar de manera que complazca a los cercanos y atraiga a los lejanos», y su demanda a los gobernantes era que «distribuyan cuidados ampliamente 博施广济» y su preocupación posterior por el gobierno era «primero enriquecer al pueblo y luego enseñarle 先富后教». Todo esto es abstracto, y en cuanto a cómo llevarlo a cabo en la práctica, me parece que nada está escrito en piedra 无可无不可, y «revelar la esencia a través de la función» también es flexible. ¿Qué diría Confucio sobre el gobierno constitucional? Kang Youwei y Chen Huanzhang 陈焕章 (1881-1933) ambos apoyaron el gobierno constitucional. La palabra china para «constitución» —*xian* 宪— originalmente se refería a la idea de que «los reyes sagrados se modelaron a sí mismos en el cielo para establecer enseñanzas en la tierra 圣王法天以立教於下», lo que originalmente significaba controlar el poder, y esta no era meramente una idea secular.

CYZ: El «constitucionalismo confuciano» se ha vuelto popular recientemente en China continental. Sin embargo, el constitucionalismo confuciano fundamentalista se opone abiertamente a la democracia liberal. Y esas teorías confucianas que apuntan a «unificar las tres tradiciones» y que siempre están tratando de reemplazar a las autoridades gobernantes por Confucio, también son así. En otras palabras, parece que necesitamos aclarar la relación entre el «constitucionalismo confuciano» y el «constitucionalismo democrático liberal moderno».

CM: La gente puede definir el «constitucionalismo confuciano» como quiera. No estoy aquí para criticar. En mi opinión, Zeng Guofan 曾国藩 (1811-1872), Zhang Zhidong, Kang Youwei, Liang Qichao y confucianos posteriores como Zhang Junmai 张君劢 (1887-1969), Mou Zongsan, Xu Fuguan y Qian Mu seguramente se identificaron como confucianos, y fueron partidarios del constitucionalismo o parte de un grupo que buscaba reformar el confucianismo. Creo que estas personas conforman la corriente principal del confucianismo moderno y auténtico. Y creo que pertenezco a esta tradición y la transmitiré.

CYZ: Usted dijo antes que el confucianismo necesita modernizarse, y mencionó la importancia de los conceptos modernos de derechos, ciudadanos y leyes. *Esto significa llevar el confucianismo a los elementos básicos de la modernidad.* Usted enfatiza que el confucianismo como religión civil podría convertirse en un apoyo importante para el constitucionalismo democrático moderno. Pero, ¿cómo se supone que estos dos se conectan? Parece que usted habla sólo de sus intenciones o metas (es decir, la «religión civil confuciana» como base de la identidad nacional de una China moderna, democrática y constitucional), pero parece haber descuidado la conexión concreta entre el «confucianismo como religión civil» y una China moderna, democrática y constitucional.

CM: Son cuestiones en las que estoy trabajando actualmente. Tengo la sensación de que los liberales pueden desconfiar demasiado de mí. Mi voluntad de suavizar y disminuir la postura del confucianismo es hacer realidad el objetivo de integrar el confucianismo con el liberalismo, lo que significa proporcionar una mejor solución a las cuestiones relacionadas con los derechos y las instituciones. Pero mi versión del liberalismo no sólo es «delgada» como filosofía política, su base metafísica no es el individuo atómico. Espero volver a *la meta de Aristóteles* como base, y a la idea de *la perfección*, combinando las ideas de *virtud desbordante* y *prosperidad* 繁荣 para lograr ambas.

Espero diseñar una *integración del confucianismo y el liberalismo* y trabajar en este tema. Creo que Taiwán no puede ser independiente y que el país no puede dividirse, por lo que el sistema tiene que cambiar para que pueda proporcionar a la gente un sentido de identidad y pertenencia. Desde este ángulo, los confucianos deben llevar a cabo algunas actualizaciones teóricas del confucianismo. Esto incluye tanto una nueva descripción de la antigua perspectiva general del confucianismo como la absorción de nuevos valores y un nuevo plan para una forma de actuar.

Creo que la gente puede difundir el Camino, el Camino no se difunde por sí solo. Siento que los clásicos me obligan a comenzar algo nuevo, por lo que incluso mientras dirijo *Yuandao*, también quiero abrir academias confucianas. Creo en las palabras de Zheng Yan 证严 (nacido en 1937) : «Ve y hazlo, y hazlo bien».

CYZ: La economía continental ha crecido muy rápidamente, pero en este proceso, las normas sociales básicas y el orden ético y espiritual han sido severamente dañados. Muchos de mis amigos del continente se preocupan por esto, y supongo que usted está entre ellos. Si la «religión confuciana» va a desarrollar una mayor influencia de abajo hacia arriba, seguramente debe contribuir a mejorar esta tendencia hacia el colapso social.

CM: No hay duda al respecto. Los confucianos están arraigados en la sociedad. La raíz del cielo está en el Estado y la raíz del Estado está en la familia, ¿no es así? La mejora de la sociedad y la regeneración del confucianismo son parte del mismo proceso. La sociedad moderna es plural, pero el confucianismo, como elemento esencial, es irreemplazable. Usted mencionó un colapso, una parte del cual es el declive de la propia estructura de la sociedad, y otra es el declive de la influencia de la sociedad en términos de poder político y en términos de capital. «Sociedad grande, gobierno pequeño» solía ser un eslogan con cierta vigencia, pero ya no se escucha. El Estado está creciendo a expensas del pueblo, el poder y los recursos están concentrados en manos del Estado y las grandes corporaciones, la «sociedad civil» y la «clase media» son ahora conceptos negativos. Todo esto es sumamente preocupante y es una cuestión de vida o muerte para el confucianismo. Pero nadie se beneficia del colapso social, por lo que estas tendencias deben revertirse tarde o temprano.

Esta podría ser la oportunidad del confucianismo.

CYZ: Si un día se forma una especie de democracia constitucional con características chinas que logre alcanzar los objetivos de «complacer a los cercanos y atraer a los lejanos» y «cuidar a los ancianos y apreciar a los jóvenes», sin que el confucianismo haya alcanzado el estatus de religión civil, ¿apoyaría usted tal situación?

CM: ¡Por supuesto que sí! Los confucianos nos preocupamos por todo, pero no somos neuróticos ni paranoicos. Confucio dijo: «Si el Camino prevaleciera en el mundo, no tendría que tratar de cambiarlo». Si Confucio hubiera tenido tiempo, seguramente hubiéramos preferido hacer una excursión de primavera con algunos de sus amigos, sin que nos molestara el viento ligero o la lluvia.

CYZ: Mi última pregunta tiene que ver con su impresión de Taiwán. Usted ha visitado Taiwán muchas veces y no sólo ha tenido muchos intercambios con la comunidad confuciana de Taiwán, sino que también ha prestado atención al desarrollo de la religión popular en Taiwán.

CM: Mi mayor impresión de Taiwán es: en el espacio de unas pocas manzanas, hay casas centenarias, casas de ladrillo de hace unas décadas y nuevos rascacielos, todo junto. Y entre los edificios o en algún rincón hay un santuario visible dedicado a algún dios desconocido y se quema incienso. Al principio, la mezcla me pareció un poco desagradable, pero después de pensarlo, llegué a apreciarla. Son como los anillos de crecimiento de un árbol, que registran la evolución natural de la sociedad de Taiwán, detrás de la cual encontramos la racionalidad, la humanidad y la bondad del sistema.

Es difícil hablar aquí de la influencia del confucianismo y la religión confuciana, porque ya es parte de la gente de aquí y se ha convertido en una parte organizada de la vida social. La lección más importante que Taiwán ofrece al continente debería ser este aspecto social. Debemos tener fe en la sociedad y en la naturaleza positiva de la cultura tradicional y la reconstrucción social.

Glosario

GMD (中国国民党) son las siglas de la palabra Guomindang o Kuomintang (en cuyo caso las siglas son KMT), y hacen referencia al Partido Nacionalista Chino, el partido fundado por Sun Yat-sen (1866-1925), primer presidente de la República de China tras la revolución de 1911 y considerado «Padre de la Nación». Su sucesor fue Chiang Kai-sek (1887-1975), líder nacionalista que se refugió en Taiwán, desde donde se enfrentó a los comunistas; así se separó del resto de la China continental con apoyo occidental. Este separatismo sigue siendo un motivo de conflicto internacional. La ideología del GMD es nacionalista y conservadora.

Han (汉族) se trata del grupo étnico mayoritario en la China actual, dentro de las 56 etnias reconocidas en este estado. Se calcula que un 20 por ciento de la población mundial es de etnia Han, cuyo nombre deriva del de una antigua dinastía.

jiaohua (proyecto) (教化): literalmente, «autotransformación». Alude a las organizaciones que buscan revitalizar el confucianismo.

KMT véase GMD o Kuomintang.

Kuomintang véase GMD o KMT.

Movimiento 4 de mayo (五四运动) se alude así a las protestas que tuvieron lugar en la plaza de Tian'anmen en 1919, debido al descontento ante el Tratado de Versalles que puso sello final a la I Guerra Mundial. La sociedad china se vio descontenta ante las concesiones al gobierno al Japón, potencia derrotada, y se denunciaba el agravio de dicho Tratado para con China, situada, supuestamente, en el bando vencedor. Creció la oposición al gobierno y al Japón, así como dio alas al movimiento comunista.

Movimiento Nueva Cultura (新文化运动) fue una corriente que, entre 1910 y 1920, rechazó la cultura tradicional china, incluyendo su filosofía clásica y confuciana. Optaron por los valores occidentales de la ciencia y la democracia.

Movimiento Taiping se refiere a la cruenta guerra civil sufrida en China en el siglo XIX (1850-1864) librada entre el ejército imperial Qing (con ayuda occidental) y el ejército del Reino Celestial de la Gran Paz (*Tàipíng Tiānguó* 太平天), creado por un líder religioso fanático, Hong Shiquan, que se hizo proclamar rey y *mesías*. Esta revolución teocrática, con una importante componente anti-manchú (pues manchú era el origen de los emperadores Qing), fue finalmente aplastada.

Mukden (incidente de) alude al sabotaje ocurrido en 1931 en Mukden (盛京; hoy Shenyang 沈阳) una localidad de la antigua Manchuria, de donde se toma el nombre, y que constituyó el detonante para el empeoramiento de las relaciones chino-japonesas y finalmente, el *casus belli* para que el ejército del Imperio Nipón ocupara territorios chinos y estallara la guerra.

PCCh siglas del Partido Comunista Chino (中国共产党).

Qing (清朝) nombre de la dinastía manchú que, entre 1644 y 1912, reinó en el Imperio Chino. Fue la última dinastía de emperadores, sucesora de los Ming. La Revolución de 1912 daría paso a la República.

Reforma de los Cien Días en 1898, el emperador Guangxu 光绪 se rodeó de un grupo de intelectuales reformistas que deseaban sacar a China de su postración ante las potencias occidentales y el Japón. Pero la emperatriz viuda acabó con esta iniciativa, recluyó a su sobrino el emperador, y ordenó decapitar a los reformistas, entre ellos Kang Youwei, de quien se habla extensamente en este libro. Fue una oportunidad perdida para poner al país en pie, según muchos analistas.

tianxia (天下) literalmente «todo bajo el Cielo». Posee este término un marcado carácter inclusivo: todo aquel que acate la soberanía imperial china, con independencia de su etnia o nacionalidad. Equivale, en gran medida a «civilización».

Yan'an (rectificación de) (延安整风运动) alude al lugar en donde el PCCh y Mao se concentró tras la «Larga Marcha» (1942-45). El líder comunista inició el «Movimiento de Rectificación» en el que se separó de la dirección de Moscú y se inicia un marxismo «con características chinas» que llega hasta hoy.

Yiguandao (一道) es un movimiento religioso sincrético fundado en el siglo XIX en China, que aglutina elementos budistas, taoístas, confucianos y de otras religiones. Hoy en día es muy fuerte en Taiwán y en algunos otros puntos de Asia.

Hipérbola Janus
Otros títulos publicados

Carlos X. Blanco
La izquierda contra el Pueblo: Desmontando a la izquierda sistémica

En este breve ensayo Carlos X. Blanco nos ofrece una crítica original a la actual izquierda neoliberal dominante en occidente. Utilizando un lenguaje directo y sin prescindir de la necesaria contundencia, nos describe aquellos elementos que caracterizan a lo que viene a definir como «izquierda arco iris» o «izquierda fucsia». Una izquierda totalmente funcional y complementaria a los intereses del capitalismo financiero transnacional, que ha prescindido de la teoría y la acción revolucionaria para terminar metabolizándose con las formas más extremas de un liberal-capitalismo profundamente deshumanizado y centrado en las identidades subjetivas, convirtiéndose así en un garante del mismo en la esfera cultural y de los valores.

La obra viene precedida por el prólogo del célebre filósofo marxista Diego Fusaro, una de las voces más autorizadas frente al globalismo y la izquierda sistémica en Italia.

Págs.: 102
Fecha: 29/01/2024
ISBN : 978-1-961928-08-4

https://amzn.to/3UjLuG9

Daniel Branco
El globalismo y la restauración del cosmos

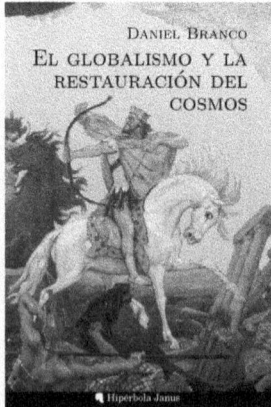

Bajo el sugerente título *El globalismo y la restauración del cosmos*, Daniel Branco presenta un ensayo original que destaca tanto por su estructura innovadora como por la diversidad de temas abordados. Desde perspectivas religiosas, filosóficas y geopolíticas, el autor se sumerge en tres problemáticas fundamentales: el papel del Cristianismo frente a sus antagonistas, sus posibles desarrollos y los desafíos en un mundo en descomposición. La obra se divide en secciones que exploran los actores clave de la posmodernidad, desde el ámbito intelectual hasta las ideologías modernas, destacando especialmente el liberalismo, el socialismo y la historia de los nacionalismos.

El análisis también se adentra en la geopolítica del mundo moderno, examinando los bloques protagonistas como el atlantista liberal y el revisionismo marxista, a través de las teorías de Aleksandr Duguin. La obra culmina con una profunda evaluación de Julius Evola y las repercusiones de su pensamiento metapolítico, explorando el lugar que ocupan el liberalismo y el marxismo en su visión. El epílogo nos sumerge en la situación de Hispanoamérica frente al globalismo desde una perspectiva religiosa.

Este ensayo ofrece un marco completo de reflexiones en ámbitos religiosos, filosóficos y geopolíticos. El enfoque espiritual permanece como un telón de fondo constante, invitándonos a explorar temas recurrentes desde una perspectiva de *derecha tradicional*.

Págs.: 188
Fecha: 02/12/2023
ISBN : 978-1-961928-05-3

https://amzn.to/3NbZc9Q

Otros títulos publicados

Carlo Terracciano
Geopolítica

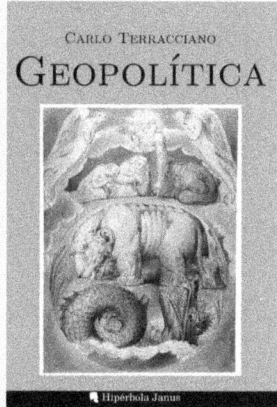

Carlo Terracciano (1948-2005) es considerado en Italia como el padre de la geopolítica, tanto por la importancia que tuvo a través de la revitalización del conocimiento de esta ciencia olvidada y denostada, como por la introducción de nuevas concepciones en el estudio de susodicha materia. Tomando como punto de partida una visión organicista mediante una línea supraindividual y metahistórica, el autor italiano traza una concepción spengleriana de la historia a través del devenir de las dos grandes superpotencias que han marcado el desarrollo histórico y geopolítico fundamental en la segunda mitad del siglo XX. En esta labor también nos descubre a los pioneros de la materia, a los Kjéllen, Mackinder, Haushofer o Von Lohausen, y hace su particular contribución.

Nadie mejor que Aleksandr Duguin para describir al hombre y la obra:

«Creo que Carlo Terracciano es uno de los mayores geopolíticos europeos de los últimos decenios. Estoy convencido de que será reconocido como uno de los modernos autores clásicos de esta materia. He tenido la oportunidad de conocer personalmente a Carlo Terracciano y siempre he admirado la rectitud de su posición ideológica en vida: la geopolítica era para él una elección existencial; vivió su vida en pleno acuerdo con sus principios, demostrando poseer un estilo romano, olímpico, impensable para la nuestra: la fidelidad, la total dedicación a la causa, la completa integridad moral, sin ninguna consideración hacia los efectos de la presión de la modernidad».

Págs.: 340
Fecha: 31/10/2021
ISBN : 979-8756699838

https://amzn.to/3pUSj1S

Eduard Erkes
Creencias religiosas en la China antigua

El prestigioso sinólogo alemán Eduard Erkes nos presenta un original y lúcido ensayo sobre las formas más antiguas de la religión china. Para ello se sirve clásicos como el *Chou-li*, el *Li-chi*, el *Yi-ching* o el *Shan-hai-ching* como fuentes esenciales a través de cinco capítulos dedicados respectivamente al sacerdocio chamánico, a los espíritus, a las divinidades antropomorfas, a las costumbres funerarias y a las divinidades de la naturaleza. Fruto de esta síntesis obtenemos una panorámica de las formas tradicionales de la China clásica en la que se pueden integrar las grandes formas espirituales florecidas en este contexto de civilización: confucianismo, taoísmo y budismo.

Este volumen, que podemos considerar como una parte esencial en el estudio de las religiones, y específicamente en relación al estudio del chamanismo, será una fuente documental de primer orden para los trabajos desarrollados con posterioridad por el conocido historiador de las religiones y etnólogo rumano Mircea Eliade en relación a China.

Originalmente, la obra fue traducida por Julius Evola al italiano en 1958 para el IsMEO (*Associazione Internazionale di Studi sul Mediterraneo e l'Oriente*), pese a las diferencias doctrinarias y de método manifestadas por el pensador italiano frente al propio Eduard Erkes.

Págs.: 144
Fecha: 16/08/2022
ISBN : 979-8846739079

https://amzn.to/3JYUdq6

Hipérbola Janus

www.hiperbolajanus.com

www.ingramcontent.com/pod-product-compliance
Lightning Source LLC
Chambersburg PA
CBHW020005290326
41935CB00007B/316